江西省"四个一批"人才项目（省委宣传部）结项成果

国家社科基金重点项目（项目编号：18YY001）研究成果

| 博士生导师学术文库 |

A Library of Academics by
Ph.D. Supervisors

老年人口语非流利现象研究

——·——

刘楚群 著

光明日报出版社

图书在版编目（CIP）数据

老年人口语非流利现象研究 / 刘楚群著 . -- 北京：
光明日报出版社，2021.6
ISBN 978 - 7 - 5194 - 6014 - 3

Ⅰ. ①老… Ⅱ. ①刘… Ⅲ. ①老年人—口语—研究
Ⅳ. ①H03

中国版本图书馆 CIP 数据核字（2021）第 077980 号

老年人口语非流利现象研究
LAONIANREN KOUYU FEI LIULI XIANXIANG YANJIU

著　　者：刘楚群

责任编辑：杨　茹　　　　　　　　责任校对：陈永娟
封面设计：一站出版网　　　　　　责任印制：曹　净

出版发行：光明日报出版社
地　　址：北京市西城区永安路 106 号，100050
电　　话：010 - 63169890（咨询），63131930（邮购）
传　　真：010 - 63131930
网　　址：http://book.gmw.cn
E - mail：yangru@ gmw.cn
法律顾问：北京德恒律师事务所龚柳方律师

印　　刷：三河市华东印刷有限公司
装　　订：三河市华东印刷有限公司
本书如有破损、缺页、装订错误，请与本社联系调换，电话：010 - 63131930

开　　本：170mm × 240mm
字　　数：214 千字　　　　　　　印　　张：16
版　　次：2021 年 6 月第 1 版　　印　　次：2021 年 6 月第 1 次印刷
书　　号：ISBN 978 - 7 - 5194 - 6014 - 3
定　　价：95.00 元

夕阳无限好

——序刘楚群《老年人口语非流利现象研究》

　　人类个体是一个由出生、成长、成熟到衰老的单向行程，老年是人生的最后阶段。当老年人的社会比例较低时，或者说在老龄化社会到来之前，人类是不可能真正认识老年、真正了解老年人的。古代，"人生七十古来稀"（杜甫《曲江二首》其二），大同社会的理想也只是"使老有所终"（《礼记·礼运》）。而现在，老年人虽然也需要"有所终"，但那绝不是老年生活的全部。

　　社会在进步，生活和医疗等条件在不断改善，人类寿命在不断增长，老年期也在不断延长。人生逐渐在形成"三个1/3"：成长学习30年；工作30年；退休之后30年。过好30年的老年生活，起码具有1/3的人生分量。进一步观察会发现，不同的老年人生活质量并不相同。国学大师饶宗颐，其主要学术成果是退休后完成的；数理语言学家冯志伟，退休后的学术成果已超过在职时的创造；据说，世界上许多大公司的老总，都在60到70多这个年龄段。然而也有许多人，一退休就无所事事，甚至心理、生理也急速衰老。老年个体差异如此之大，特别是身心差异，这是特别值得研究的。通过研究发现衰老规律，或许就能帮助老年人减缓衰老，使他们的老年生活更加美满。兴许还可以帮助年轻人，及早改变某些生活习惯和心理习性，以便更好地步入老年。

　　老年研究可从很多方面入手，医疗、护理、心理、家庭、经济、文化、教育等，都是重要的研究领域。当然老年语言问题也是重要课题。人生的不同阶段有不同的语言任务，有不同的语言生活。从出生到大学，是广义的语言发展期。0~6岁是口语的习得期，小学、中学是书面语的学习期，大学是专业语言的学习期。大学毕业后的一段时间，专业语言开始转化为职业语言，是职业语言的发展期。30~70岁，是语言较为稳定、成熟的时期。大约70岁之后，语言应用开始出现较为明显的衰老迹象，语言能力开始磨蚀甚至丧失。语言学过去所研究的语言，主要是人成熟期的语言；对于发展期及职业语言期的语言虽也有些研究，但是成果不多；对于老年期的语言，几乎没有多少研究。理论上说，对于语言规律的全面认识，不应只对人生某一阶段的语言进行研究，而应研究人一生的语言，研究人在一生中是如何习得语言的，之后又如何逐步磨损丧失的。就此而言，语言学还有广阔的发展空间。

大约在20世纪70年代，国际上有人开始关注老年语言能力的衰退问题，讨论较多的是开口忘词现象，也有研究语法加工能力衰退的，发现老年人语法结构的多样性逐渐下降，语法错误有所增加，语法的复杂性和命题内容等方面也存在明显的老化现象。心理学界也曾用"语言量表"对语言老化进行过测试分析。近年来，国内也开始了老年语言研究，比如顾曰国教授的团队对老年性痴呆患者的语言能力研究，《语言战略研究》2019年第5期，曾请顾曰国教授主持了一期老年语言研究的专题。不过，时至如今，人们还不清楚语言老化的主要表现及其衰老规律。

老年语言研究基本上有两条路径，一是神经心理学之路，一是观察语言表现之路。两条路径各有其长，各有其便，相辅相成，相得益彰。刘楚群早在2012年就开始研究老年语言问题，是我国较早步入这一领域的学者。他走的是后一条研究路径，以江西师范大学的退休老人为研究对象，通过访谈获取了45万余字的老年口语语料，以此为据，重点探讨了老年口语的非流利现象。统计数据显示：老年人年龄越大，整体上其语言流利度就越差；65～69岁的语言流利度并无明显下降；70～74岁的语言流利度则明显下降，是个重要转折点；85岁以上因为语言变得更简单，语言流利度虽然还在下降，但出现失误的情况却减少了。语言流利度下降，是老年人普遍的标志性的语言现象，其他一些语言指标也在70～74岁前后有明显变化，由此可以提出一个假说：70～74岁时，人类开始进入语言衰老期。也许这个年龄点还可以作为人类真正"老年期"的开始。

学术研究皆从搜集资料始，通过对资料的收集、观察和分析，得出规律。此时所得规律是认识层面的"规律"，是否真正合乎客观规律，要看两点：第一，能否"自圆其说"，具有逻辑的"内洽"性；第二，也是更重要的，就是它的解释力，能否解释过去之现象，解释现在之现象，解释未来之现象，解释未来之现象即为"预见性"。能够解释已然、预测未来的"规律"，基本上便可视为客观规律，或曰"真理"了。当然，学术研究不止于认识世界，还要运用规律去能动地改造世界。研究老年语言衰退的规律及其心理、神经机理，还要利用研究所得去帮助老年人过好语言生活。这是一种学术使命，也是一种学术伦理。

过好老年语言生活，要者有二：一曰补偿；二曰正视。所谓"补偿"，就是利用某种技术、器物来补偿语言器官，甚至补偿磨损的语言能力。比如，利用助听器、骨传导技术来补偿听力，利用光学技术来补偿视力，利用语音文字转换技术来适应听力尚好或视力尚好的老年人，甚至可以研制具有语言智慧的机器人来帮助老年人处理一些语言事务，补偿语言能力。一个卓越的陪伴老年人的机器人，应当也是一个称职的"语言助理"。

所谓"正视"，就是要有一个合适的"夕阳心态"。其一，认可人至"夕阳"期，正视由盛而衰的现实。说话不流利了就慢点说；耳朵不好用了就多用眼，多看文字，多用笔谈，多借助语言文字转换系统；眼睛不好用了就多用耳，多借助机器将文字转换为语音。只要心态好，沟通的办法总是有的。其二，夕阳与朝阳同样美好，老年期也有自己的长处和优越性。老年仍应该，也能够将自己的人生理想延续下来，或是重建精神家园。老年期语言经验和人生积累比较丰富，虽是夕阳，仍能染布漫天晚霞。切不可让岁月蹉跎，荒废了人生30年。

刘楚群的学术基础扎实厚重，他的硕士导师是范先钢教授，博士导师是汪国胜教授，博士后研究的合作导师是苏金智教授和本人。先钢、国胜和本人都师从邢福义先生，邢先生长于观察分析语言事实，于事实中寻绎规律。金智长于社会语言学研究。楚群受到了较好的语言描写训练，同时也具有学术的敏锐性和使命感，故而能够开创性地进行老年语言研究，起步扎实，初有成效。希望楚群能在这一领域继续耕耘，努力推进老年语言学的建立，努力推进语言智能的老年运用，其中包括"语言助理"的研发。同时，也要把书斋所得移入社会，最大限度帮助老年人过好语言生活，过好晚年生活。

"夕阳无限好"（李商隐《登乐游原》），莫道"近黄昏"！

李宇明

2020年3月20日

（农历春分）

序于北京惧闲聊斋

目 录
CONTENTS

第一章

绪　论

第一节　研究背景

一、社会背景

中国已经进入老龄化社会，世界上很多国家都已经进入老龄化社会。老龄化指老年人口在人口总数中的比例（即老年化或老年系数）提高的过程或人口平均年龄不断提高的过程。（李旭初、刘兴策，2009）联合国认定的老龄化有传统标准和新标准：传统标准是一个地区 60 岁以上老人达到总人口的 10%，该地区即视为进入老龄化社会；新标准是 65 岁以上老人占总人口的 7% 即进入老龄化社会。我国国家统计局 2010 年第六次全国人口普查资料表明：截至 2010 年 11 月 1 日，我国 60 岁以上的人口将近 1.8 亿，占总人口的 13.26%，65 岁以上的人口将近 1.2 亿，占总人口的 8.87%。以此看来，无论根据联合国的哪个标准，我国都已经进入老龄化社会。国务院印发的《中国老龄事业发展"十二五"规划》指出："十二五"时期，"随着第一个老年人口增长高峰到来，我国人口老龄化进程将进一步加快。从 2011 年到 2015 年，全国 60 岁以上老年人将由 1.78 亿增加到 2.21 亿，平均每年增加老年人 860 万；老年人口比重将由 13.3% 增加到 16%，平均每年递增 0.54个百分点。未来 20 年，我国人口老龄化将日益加重，到 2030 年全国老年人口规模将会翻一番，老龄事业发展任重道远。我们必须深刻认识发展老龄事业的重要性和紧迫性"。《"十三五"国家老龄事业发展和养老体系建设规划》指出，"十三五"时期是我国老龄事业改革发展和养老体系建设的重要战略窗口期，我们面临的老龄化形势非常严峻，2020 年，全国 60 岁以上老年人口增加到 2.55 亿左右，占总人口比重提升到 17.8% 左右，农村实际居住人口老龄化程度可能进一步加深。

老龄化不仅仅是中国特有的现象，现在已经成为一种全球性现象。随着科技的发展，医疗水平的提高，生活条件的改善，人的寿命越来越长，世界上大多数国家都在步入老龄化社会。联合国早就确定 1999 年为国际老年人年，旨在提高全球的老龄意识，时任联合国秘书长安南在启动仪式上提出：人类已经进入长寿时代，过去人类寿命像短跑冲刺，现在人类寿命像马拉松赛跑。2002 年，在马德里举行的第二次老龄问题世界大会上，当时的世界卫生组织总干事布伦特兰夫人在闭幕式上指出："20 世纪人类寿命平均增加了 30 岁，发达国家如此，发展中国家也是如此。"（邬仓萍、姜向群，2011）表 1 - 1 - 1 显示了 1950—2050年世界和中国 60 岁及以上人口在总人口中的比重情况。

表 1 - 1 - 1

区域 \ 占比 \ 年份	1950 年	1975 年	2000 年	2025 年	2050 年
全世界	8.2%	8.6%	10.0%	25.0%	21.1%
较发达地区	11.7%	15.4%	19.4%	28.2%	33.5%
欠发达地区	6.4%	6.2%	7.7%	12.6%	19.3%

区域 \ 占比 年份	1950 年	1975 年	2000 年	2025 年	2050 年
不发达地区	5.4%	5.0%	4.9%	5.9%	9.5%
中国	7.5%	6.9%	10.1%	19.5%	29.9%

资料来源：United Nations, World Population Ageing 1950 ~ 2050, pp. 48/50/52/54/178.

从表 1 - 1 - 1 可以看出，整个世界都将进入老龄化社会，而中国老龄化的步伐尤其迅速，因此关注老年人问题已经成为社会、政府、学界的共识。老龄事业重要而紧迫，任重而道远，加强对老年人相关问题的研究是当代社会非常重要的课题，文化、教育、体育、医疗、卫生、护理等领域都强化了老年人相关问题的研究。语言问题是老年人问题的最基础性问题，研究老年人的语言运用和语言能力，是老龄事业的重要组成部分，也是语言生活研究的一项重要内容。

二、学术背景

中国已经进入老龄化社会，对老年人问题的研究是诸多学科都关注的重要内容，语言学也一样，老年人语言的研究应该成为语言学研究的一项重要内容。老年人语言研究一方面是实现语言研究与社会研究对接的榫头，具有很明显的现实意义；另一方面通过老年人语言使用规律的发掘可以窥探语言的磨蚀与衰退的过程，具有很重要的理论价值。目前语言学界在老年人语言问题上关注不够，国内很少有人涉足这个领域，国外的相关研究也不多，我们选择本项目一方面希望能在这方面做一点试探性的研究，另一方面也希望能引起学界的注意，以期有更多的人来关注老年人语言问题。

近年来，有关老年人问题的研究已经引起了政府和社会各界的高度关注，语言学界也已有人倡导关注老年人语言的研究。李宇明教授在多个学术场合提出要重视老年人语言研究，并以其敏锐的学术眼光洞察到这一领域即将成为新的学术热点，他特别希望在条件成熟的时候能建立一门新的语言学分支学科——老年语言学。崔希亮教授在"中国语言学会第十七届学术年会"（北京，2014.9）上提出希望学界加强对老年人语言的研究。顾曰国教授正带领着他的团队开始从事老年人语言的相关研究。

第二节 研究价值

关注老年人语言是时代发展对语言学界提出的迫切要求，老年人语言研究既具有很强的实际价值也具有重要的理论意义，既能改善老年人语言生活、促进代际沟通及社会和谐，又能成为探索语言生成机制的突破口，还能为心理学、病理学等学科提供最基础的原始数据，具有多层面的价值。

一、语言学价值

吕叔湘（1983）曾经说过语言研究一定要考虑语言的使用者——"人们"。"语言是什么？说是'工具'，什么是工具？说是'人们交流思想的工具'，可是打开任何一本讲语言的书来看，都只能看见'工具'，'人们'没有了，语音啊，词汇啊，语法啊，分条缕析，讲得挺多，可是讲的是这种工具的部件和结构，没讲人们怎么使唤这种工具。"不容置疑，关注使唤工具的人，关注使唤工具的人的差异和特性，这是语言研究中非常重要的一项内容。人们的年龄、性别、文化程度、职业特征等都会对语言使用有影响。如果考虑年龄因素，就有儿童语言、成人语言、老年人语言，三者除了风格的差异之外，还涉及语言的发生、发展、稳定、衰退的过程。儿童语言有一个社会化的过程，与之相对的老年人语言则有一个衰退的过程。徐大明（2006）就认为对不同年龄段人的语言进行研究的关注点不一样，对儿童语言的研究关注儿童社会化进程的影响；对青春期和成年早期的语言研究侧重于青少年学习成人角色的能力；对老年人的研究则关注老年人习得能力衰退过程中的语言特点。只有中年人的语言不会因年龄因素而发生较大的变化。中年人是在"用"语言，而不是处于"学习"或"丧失"语言的过程中。因此关注人生阶段早期或晚期的语言就是强调与年龄相关的认知和生理能力的不同。如果说儿童语言学是一门研究个体语言的发生、发展的学科，那么从客观现实和逻辑规律来看，就应该有一门研究个体语言的衰退或衰亡的学科，即老年语言学。目前关于儿童语言的研究成果颇丰，但是关于老年人语言的研究少之又少，因此，加强对老年人语言的研究已经迫在眉睫，这也是语言学学科发展的必然要求。

二、社会学价值

任何一门学科的初始动力和最终归宿都离不开社会需求，语言研究也不例外，最终要为社会服务。从第六次人口普查的数据可以看出，当今中国已经进入老年化社会，老年学受到了越来越多的关注，加强对老年人语言的研究已经是势在必行。探究老年人语言的基本规律，让年轻人更多地了解老年人语言某些特征（如"重复啰唆"）产生的深层原因，尊重老年人的语言习惯，能增进代际的沟通、理解。目前普遍存在着一个社会问题——代际冲突，代际冲突的深层原因当然是文化的差异和观念的差异，但是某些矛盾和事故的导火线往往是语言不合，有老年人对年轻人语言风格的不可接受，更主要的是年轻人对老年人语言习惯的烦躁，双方难以沟通，从而导致矛盾的发生甚至酿成事故。近年来有诸多新闻报道显示公交车上经常出现老年人与年轻人发生冲突的事例，轻者造成当事人的心灵或身体受到伤害，重者甚至造成老年人意外死亡，而其中关键的导火线往往是言语的冲突，经常是老年人的某些语言不为年轻人所接受，从而造成冲突。因此，加强对老年人语言的研究，让老年人对自身语言特点有更理性的认识，而不是盲目的自大或自卑，对改善老年人的语言生活和生存状况很有意义，能有效地促进社会的和谐。了解老年人语言衰退的基本情况和影响因素，提出抑制语言衰退的方法，能大大提高老年人生活的幸福指数。如果说生理的衰老是无法抗拒的自然规律，那么心理的衰老则是可以通过人的主观行为进行干预的，心理衰老的过程是可以延缓的，老年人可以通过积极的生活方式来延缓心理的衰老和语言的退化。

三、心理学价值

唐代孙思邈的《千金翼方》中记载："人年五十以上，阳气日衰，损与日至，心力渐退，忘前失后，兴居怠惰，计授皆不称心，视听不稳，多退少进，日月不等，万事零落，心无聊赖，健忘嗔怒，惰性变异，食饮无妙，寝处不安……"这段话详细地描述了人在老化过程中心力、记忆、视觉、听觉、味觉以及性格、情绪等一系列的变化。从生命体发展的基本规律来看，老年人的诸多生理机能都不可避免地会发生退化，其某些方面的语言能力也一样会发生衰退。心理学从生命体的生理、心理特征角度关注人类的记忆、认知、语言等诸多方面能力的发展和衰退，发展心理学则研究一个人从出生到衰老各个时期的心理机能。本项研究试图探究老年人语言衰退的某些规律性特征及其影响因素，试图揭示这些语言结构的心理表征和言语产生的心理过程，研究的结论可以为心理学探究生命体发展的基本规律提供基础材料和数据。

第三节 研究对象

一、研究对象的界定

发展心理学中，通常以年龄来界定老年。但是对于多少岁才算老年，各国的标准并不一致，一般是以 60 岁或 65 岁作为进入老年期的标准。我国于 1964 年举办的第一届老年学与老年医学学术会议规定，男女均以 60 岁作为进入老年的标准。1982 年举办的联合国第 37 届会议也规定 60 岁以上为老年，而欧美各国除了俄罗斯是以 60 岁作为分界线外，均以 65 岁为标准。其实，老年期的分界与人口老龄化的程度有关，人口老龄化严重的国家基本上是以 65 岁为标准的。（许淑莲、申继亮，2006）由于人的寿命越来越长，有些研究者进一步将老年期分为不同的阶段。比如，将老年人细分为"年轻老年人"（60～69 岁）、"中老年人"（70～79 岁）、"老老年人"（80～89 岁）和"非常老的老年人"（90 岁及以上）。虽然现在世界各国都是以日历年龄（chronological age，即一个人有多少岁）来计算年老情况，但是人们不会在一夜之间变老，而是在经过数年后才看到某人的生理和心理特征的改变。在这个过程中，难以找到一个精确的时间界限，认为跨过这一点即为老年人。而且，年龄只是时间变化的标志，并不是发展的原因，年龄与生理和心理变化之间的关系也并不是很密切，这也是许多研究者并不同意按日历年龄来划分的原因。事实上，现实生活中经常可以看到，有些老年人虽然年纪不是很大，却头发斑白，满脸皱纹，看起来已很衰老；而另外一些老年人由于心态年轻，保养较好，衰老的特征并不明显。因此，现代研究中越来越强调个体的机能年龄（functional age）。

很明显，不同老年人的语言状况肯定差别很大，但我们不研究单个老年人的语言状况，而是研究老年人这个群体的语言规律，因此我们选择研究对象的依据还是以日历年龄作为标准。另一方面，因为语言的变化是一个非常缓慢的过程，只有经过一段比较长的跨度才能够看到比较明显的变化，为了对老年人语言的特点看得更清楚，我们对老年人的日历年龄的划定尽量靠后，因此我们选择 65 岁作为老年人的起点。同时，对老年人年龄的界定也具有相对的模糊性，是以年为划分点，并不精确到月和日。

二、研究对象的选择

我们的研究对象是老年人，而且是正常老化的老年人，即没有痴呆或其他明显的脑部疾病，并且能够独立生活的老年人。但是老年人是一个内涵相对模糊而外延却非常广阔的概念，单从社会身份的角度来考虑，老年人的差别就非常之大，有工人、有农民、有干部、有教师、有军人、有商人等等，这些身份差异对其语言使用都会有影响。我们的主要目标是探究人的老化与语言能力衰退之间的关系，即探讨年龄因素对老年人语言流利程度的影响情况。

考察人的老化和语言流利性的关联度有两个视角：一是个案研究，即对单个研究对象做长时期的观察研究，此种研究耗时较长，需要几十年才能见效果；二是群案研究，即选择某个老年群体，对其进行年龄分段，考察各年龄段语言流利性的差异情况。我们选择群案研究的方法。群案研究最大的问题是需要考虑老年群体的同质性问题。不同老年人的知识水平、职业生涯、人生经历、生活环境、文化背景以及健康状况等都有很大的差异，而这些差异对其语言流利表述能力都会有影响。为使研究结论科学有效，我们尽量排除其他因素的干扰，因此选择高校教师这个相对单纯的高知识群体作为主要的考察对象。这个群体的工作、生活和人生经历相对比较单纯，一般的大学退休教师都是一辈子教书，半路出家来教书的人很少。另外，考虑到不同城市、不同学校的教师可能有差别，所以我们的主要研究对象都是江西师范大学的退休教师，从职称来说，一般都是教授，有少数 80 岁以上的高龄老人因为特殊的历史原因只是副教授，但不管是教授还是副教授都属于知识层次比较高的人。

第四节　研究方案

一、研究目标

第一，剖析老年人口语非流利现象的基本规律。非流利现象是口语中的常见现象，其表现形式多种多样，常见的包括非流利性的重复啰唆、话语填塞、话语缺损、口误、后语抢先、舌尖现象、插说、非流利性的停顿等。本项目试图从语言结构功能角度深入剖析这些非流利现象的基本表征：这些非流利现象在句法上有什么明显特征？对信息的传递是否会造成影响？在多大程度上影响正常的言语交际？这些非流利现象发生的深层次原因是什么？这些问题都是口语非流利现象中必须弄清楚的基本问题。

第二，分析老年人口语非流利现象与年龄的关联度。尽管人们从感觉上都可以认识到老年人的口语非流利现象比较多，但是这些非流利现象到底和年龄有多大的关联度，老年人和年轻人有何差异，不同年龄段的老年人有何差异，这都需要一定的数据来说明问题。本项目将考察不同年龄段的老年人口语中出现非流利现象的频次频率，并与年轻人做比对，目的是考察年龄的老化在多大程度上影响语言的流畅性。

第三，探究老年人语言能力衰退的某些规律。语言能力是否会衰退在学界尚有争议，因为语言能力是一个内涵非常丰富的概念，其涉及的内容非常广泛。目前还没办法讲清楚语言能力的全部内容，但是可以肯定的是，表述能力一定是语言能力的一个重要组成部分，而准确、清楚、简练、高效、流利是对表述能力的基本要求，如果口语中出现了大量的非流利现象，那就应该是语言表述能力下降的表现，进一步说就是语言能力衰退的一种表现。我们试图通过考察口语非流利现象与年龄的关联度，以探究老年人语言能力衰退的某些规律。

二、语料来源

本项研究以自然口语作为考察的依据。书面语和口语都是语言研究的对象，书面语是经过不断加工锤炼而成的，因此研究书面语主要是探索语言本身的结构规律；原生态口语是人们即时生成的话语产品，所以研究口语可以探索语言生成的生理和心理机制。我们试图了解老年人的语言和生理机能之间的内在关系，因此主要以口语为考察对象。口语有不同的类型，从生成的过程来看至少有两种：第一，艺术化的口语，即经过专业处理、精心设计的口语，如小说、电视、相声、小品中的对话；第二，即时的自然口语，就是没有任何设计、完全是临场性的口语，比如，日常聊天、现场访谈、电话交流等。我们以后者作为研究对象，这样更能够发现语言生成过程的一些规律。

我们主要以访谈的方式获取老年人的口语语料。对每个调查对象进行面对面的访谈，录音，然后根据录音材料转写成书面文本。访谈地点大都是选择在老年人家里，也有学校老年活动中心、各个学院的老年人活动场所等老年人熟悉的地方。访谈是在 2013 年暑假期间进行的，一般在每天上午 9 点至 11 点以及下午 3 点至 5 点这两个时间段，都是老年人比较空闲的时间。我们访谈时都是使用普通话，访谈对象也都是使用普通话来回答，只出现少量的方言词汇。访谈之前就说清楚我们的目的是研究老年人的语言特点，访谈之后再详细记录调查对象的年龄、性别、身体状况等基本信息。访谈都是单个进行，如碰到受试是夫妻也会分开进行。访谈时给定了 5 个话题让老年人介绍相关情况或发表看法，尽量不打断，只做必要的引导，所以获得的语料基本上属于陈述性语言，不是对话语言。

访谈的话题一共 5 个，都是日常生活中的常见话题，具体如下：（1）聊聊日常生活状况、饮食起居习惯、儿女状况；（2）看一段关于走路闯红灯的视频，然后聊一聊对南昌人走路闯红灯的看法；（3）谈谈人生中最自豪或最难忘的经历；（4）看一段关于公交车上让座的视频，然后聊聊对南昌公交车让座情况的看法；（5）聊聊对南昌这个城市的印象。每位调查对象的录音时间控制在 1 小时之内，我们总共调查了近 80 位老人，有效录音长度 80 多个小时。在转写时完全忠实于录音本身，既不做方言与普通话的转换，也不做语法偏差上的修正，总共获得 45 万余字的口语语料。每一个访谈对象的所有语料汇成一个文档，只标注姓名、性别、年龄三个参数，不做其他任何标注。

另有少量语例来自电视会话节目中的现场对话，如江西卫视的《金牌调解》、中央电视台的《夕阳红》等。

三、实施方案

老年人是一个非常宽泛的群体，其年龄差异可以达几十岁，高龄老人和低龄老人的口语表达有明显差别，本项研究采用实验的办法对研究对象进行分组。我们选择 65 岁以上的老年人为研究对象，并以 5 岁为一个年龄段分成 5 组：老年一组，65～69 岁；老年二组，70～74 岁；老年三组，75～79 岁；老年四组，80～84 岁；老年五组，85～89 岁（90 岁以上的人归入本小组）。原计划每一小组调查 10 名男性和 10 名女性，但从实际情况看，女性大学退休老师人数比较少，所以最后每个小组都是男性多于女性。各年龄组的调查人数如下：65～69 岁共 14 人，其中男性 10 位，女性 4 位；70～74 岁共 14 人，其中男性 10 位，女性 4 位；75～79 岁共 15 人，其中男性 10 位，女性 5 位；80～84 岁共 17 人，其中男性 12 位，女性 5 位；85～89 岁 16 人，其中男性 11 位，女性 5 位；90～95 岁 3 人，其中男性 2 位，女性 1 位，共 79 位研究对象。

因为本项研究主要是考察年龄因素对语言非流利现象的影响，所以除了对老年人进行年龄的分组之外，还设立了 2 个纵向参照组。一个是中年组，都是江西师范大学的在职教师，年龄在 35～45 岁之间，选择了 10 位男性教师，一般都具有博士学位或副教授以上职称；另一个是青年组，都是江西师范大学的在读研究生，年龄在 20～25 岁之间，选择了 10 位男性同学，都没有工作经历，是一直在校学习的。很明显，两个参照组也都是高知识群体，与我们研究的老年人具有较多的社会共性。在研究过程中，我们不但要考察老年组与中年组、青年组的差别，还要考察老年人内部各个小组的差别。

第二章

老年人语言研究概述

第一节 前期研究概述

我们有一个基本理念：语言和人的生理器官一样，有一个发生、发展、成熟、衰退的过程，语言能力的衰退是伴随着人的老化不可避免的一个过程，口语中大量出现的非流利现象恰是语言能力衰退的表现。我们试图通过对口语中非流利现象的考察来探究语言能力和人的老化之间的内在联系。相关前期研究主要涉及三个方面：一是关于老年人语言的研究；二是关于口语非流利现象的研究；三是关于语言能力衰退的研究。现简述如下。

一、老年人语言研究

老年人（指没有发生重大病变的老年人）一般具有两个非常明显的变化：一是社会角色的转换，老年人从社会大舞台的主角退为配角，一般也从家庭舞台的核心位置退为边缘位置；二是生理机能的变化，老年人往往随着年岁的增加而导致某些生理机能的退化，即老化。这两方面的变化都会使其语言使用特征发生一定的变化。目前国内外这方面的研究并不多见，相关研究主要体现在两方面：

（一）老年人生理性语言技能衰退研究

什么是生理性语言技能衰退？目前学界没有形成统一共识，但有过一些论述，许小颖（2007）的阐述有一定的代表性，语言技能衰退指个人或语言族群曾经习得的任何语言或语言的任何部分的技能衰退的现象。语言技能衰退的原因很多，有的是因为长期不使用而发生退化，比如，母语环境中第二语言的衰退；有的是因为大脑发生某种突然的病变而导致病理性语言技能衰退，比如，后天性失语症；还有的是因为人的自然老化从而导致语言技能的衰退，即生理性语言技能衰退。

国外有人研究发现老人存在明显的生理性语言技能衰退现象。克莱因（Clyne，1977）认为，常年使用第二语言的老人在晚年时常常会恢复使用其母语。奥布勒（Obler，1982）指出，老人常常想不起一些食物的名称，在说出一个词之前常常要对食物进行详细的描写，也就是说，老人往往需要较长的时间去搜寻曾经十分熟悉的词语。德·伯特和林斯登（De Bot and Linsten，1989）、奥布勒和阿尔伯特（Obler and Albert，1989）把这种现象称为"语言衰落"（language decline），德雷斯勒（Dressler，1981，1982）则称为"语言衰减"（language decay）。而在老年人语法加工能力衰退方面，阚泊尔（Kemper，1992，2001）等人发表了一系列论文，发现了很多有价值的现象：年轻人模仿复杂句的能力比老年人要强；年轻人的语言片段往往比老年人"质量更好"，老年人语言中有更多停顿时的"填料"；老年人所使用的语言逐渐变得简单，句子的长度缩短，语法的复杂性下降；语法的复杂性和词汇量与年龄有密切关系；70岁以后，语法的复杂性和命题内容方面存在着明显老化衰退现象。总之，阚泊尔等人的研究显示，虽然可能有写作风格和代群效应的影响，但在晚年出现语法改变的主要因素为总体智力衰退。鲍姆（Baum，1993）的研究也发现，老年人生成复杂语法结构的能力比年轻人要差。奥布勒（Obler，1989）的研究发现，在句子理解方面也有类似的效应。这种语法退步也反映在自发的日常用语中。语法结构的多样性随着年龄增长而下降，而语法错误则有所增加。（Kynette and Kemper，1986）

国内心理学界特别是中国科学院心理研究所的相关学者也对语言技能衰退现象有过一些零星的实证研究。吴振云等（1985）通过心理测试发现，"语言量表分"中从 20 岁起整体趋势是上升的，到 60 岁以后开始有所下降，80 岁下降明显，尤其在"词汇"方面，80 岁有明显减退。许淑莲等（1989）的测验发现，老年人在口语、阅读、书写流畅性以及词语记忆等方面都有衰退现象，而且词语流畅能力以及词语记忆能力均在中年以后衰退。孙长华等（1989）的测验发现老年人在字、词的自由回忆方面能力有所退化。刘红艳（2005）通过对老年性痴呆患者和正常老年人即席话语的综合比较，分析了这两类人群在谈话交流层和人际关系处理层的即席话语能力和障碍。李宇峰（2016）以社会语言学的抽样方法调查了我国老年人的言语交际障碍及存在的问题。黄立鹤（2015）、姜帆（2016）先后概要性地介绍过西方有关老年人语言的相关研究。任虎林（2020）调查研究了老年人的语用能力蚀失问题。

（二）老年人语言风格或语言变异研究

老年人的社会角色要发生一次重大的转变，退休是一个非常重要的转折点，退休使老年人从社会大舞台的主角身份退居配角的位置，他们的生活空间、关注的话题都会发生重大的变化，他们在人们心中的地位和分量也会发生变化，这些外在特征的变化会使他们的内在心理也会发生一定的变化，从而导致其语言风格也会发生相应的变化。

国外研究一般认为老年人语言具有一定的消极性。柯普兰（Coupland，1991）研究发现，老年人与不同年龄的人交流时使用的言语策略有差别。老年人在与中青年人交流时常见交际策略有五种：第一，言语适应不够策略（inter-group under-accommodation），表现为说话音调过低；第二，自我保护策略（self-protecting），表现为迁就年轻人感兴趣的话题，因担心年轻人对自己产生某些偏见；第三，声明自己体弱无能策略（self-handicapping），目的是降低听话者对说话者的期望值，从而减轻对说话者不高明表现的责备或者加大对说话者意外良好表现的赞赏；第四，自我证实社会偏见策略（self-stereotyping），社会对老年人说话有一些习惯性的偏见，比如，认为老年人说话语速缓慢，有些老年人就更容易表现这些特征，以迎合社会传统观念；第五，岔开话题策略（inter-group divergence），有些老年人喜欢打断年轻人喜爱、擅长的话题，转向讲述自己光辉的历程。老年人在与同龄人交流时，则常常使用匹配策略（matching）和支持策略（supportive）。匹配策略是指听话者经常把自己的生活现状与说话者所谈及的生活状况相比较，以寻求双方的共同点；支持策略是指听话者不断地表示赞同对方的观点、鼓励对方将话题进行下去。大卫、玛雅·凯姆拉尼（David，Maya Khemlani，2009）等人调查马来西亚华人语码转换的情况时发现，老年人更倾向于使用方言（闽南话），语码转换较少。老年人的话语特征是：偏离目标的冗长，痛苦的自我叙述，自我阻碍的交谈。当然，也有学者认为老年人的话语不但不具有消极性，相反还有积极的一面。拉波夫（Labov，1972）就认为，老年人话语比年轻人的语言更进步，而不是预计的较为保守，这是由于对权势关系关注的逐渐消失使他们可以有比较轻松的语言表现。养老院的老人们处于社会地位十分平等的言语社区，他们通常具有极为一致的语言规范。这和其他退出"权力"竞技场人群的语言状况一致。此外，老年讲话人拥有最强地域基础的社会网络，因为他们很少有地域流动，年轻人的语言类型则反映了较强的流动性。松本（Matsumoto，2009）在研究了日本老年女性语言后也发现，虽然老年人语言整体上表现出刻板的特征，但也有独立、自我意识的一面。

国内研究的基本结论是老年人语言具有守旧的特点。陈章太

（1990）调查福建顺昌一个四世同堂家庭发现，语言选择也有年龄差异，老一辈人在语言选择中常常持保守态度，习惯使用母语并坚持把母语传给年轻一代。陈松岑（1999）提出，因年龄的差异会形成不同的幼童语言变体、老年语言变体、青年语言变体等。一般说来，幼童语言变体具有简单、缺乏语体变化的特点；老年语言变体通常保留了一些过时的语言特征；而青年语言变体，往往是对新起的语言变化反应最快、最多的一种变体。她还通过调查发现，在称呼比自己年长一辈的非亲属时，中老年和青年是有差别的，传统的称呼语"大爷、大妈、大叔、大婶"，其出现频率与称呼者的年龄成正比。戴庆厦（2004）谈到语言的年龄变异时指出，任何一个语言社团都可能由于年龄的差异形成儿童语言变体、青年语言变体、老年语言变体。老年语言变体往往保留一些过时的语言特征，而青年语言变体则是对新的语言变化反应最快、最多的一种变体，甚至可以说他们就代表着语言变化的潮流。语言的年龄差异在语音、词汇、语法等方面都有体现，语音变异最常见，主要表现为音位多少和音位分合的差异，词汇差异比较明显，总体上说，老年人常用一些旧词语，而年轻人则更容易接受新词语，语法方面也有一些差异，主要表现为年轻人喜欢使用一些新的语法组合形式。语言年龄差异的根本原因是社会的变化和发展，不同年龄的语言使用恰恰充当了新旧形式的代言人。通常老年人追求稳定安宁，比较怀旧，表现在语言上自然是更多地使用旧形式；而年轻人对新事物反应敏锐，追求新时尚，接受新事物，在语言上则更容易接受新形式。

总的看来，目前关于老年人语言的研究从风格变异角度来研究的相对要多一点，而从语言技能衰退和语言结构特征角度研究的相对较少，而且大多数研究都是以举例为主，结合语料进行深入分析远远不够，还有较大的发掘空间。

二、口语非流利现象研究

（一）口语研究

口语研究有广义和狭义之别。狭义的研究指从语言本身的内在结构角度来研究口语，广义的研究则是从交际的角度来研究口语。广义的研究涉及范围很广，比如，口才学、演讲学、言语交际学等都属于此，这方面的研究也非常多，本书不涉及这方面的情况。

本书要关注的重点是狭义的口语研究，即从语言内在结构的角度来研究口语。目前专门研究汉语口语的有影响的成果简单列举如下。第一位进行汉语口语研究的著名语言学家是赵元任先生，其在20世纪60年代末用英文写成、后经吕叔湘先生翻译成汉语的《汉语口语语法》（*A Grammar of Spoken Chinese*）是国内第一部研究汉语口语的经典之作。该书采用结构语言学的方法，详尽地描写了汉语口语语法的基本结构特征。该书的语料主要来源于人们在非正式场合中的谈话录音和笔录，是地道的口语。陈建民（1992）认为，《汉语口语语法》的用例都是活语言，活语言就活在灵活多变的声音上，该书结合语音停顿、语音高低快慢的变化、轻重音、语调以及节律等语音现象，分析了汉语各口语层次的结构，在语音与语法的结合上下功夫，因而对汉语口语现象的揭示比较充分。赵元任在对汉语口语的认识上，在口语研究的对象与研究方法上都有不少精辟的见解，他的书奠定了汉语口语研究的基础。第二位进行汉语口语研究的著名学者是陈建民，他在1984年出版的《汉语口语》是继《汉语口语语法》之后从语言结构的角度研究汉语口语的有重大影响的专著，也是国内第一本以录音材料为基础而写成的汉语口语专著，开创了国内用录音的办法研究口语的风尚。《汉语口语》对汉语口语的语音、词汇、词法、句法、修辞、口头表达效果等各个层次进行了全面的描写和分析，为后来者研究汉语口语打下了坚实的基础。之后，相继出现了一些专门探讨口语中某种现象的相关文献。张旺熹的《汉语口语成分的话语分析》（2012）是近年来有关口语研究的力作，该书以电视剧台词为主要的口语语料样本，着重分析了副词"可"、人称代词类话语标记、"人称代词＋NP"复指结构、人称代词"人家"、人称代词复用结构等这五类汉语口语成分的相关特征，对这五类成分的词汇、语法特征进行了定量统计、分析和描写，并揭示了这些成分在话语场景中所体现出来的话语特征与话语功能。孙雁雁的《汉语口语问答句衔接语模式研究》（2011）对几种主要的问答句的衔接方式进行了深入的分析。另外，还有诸多论文讨论了口语中的某些现象，陆俭明（1980）对口语中的主语和谓语之间、状语和中心语之间、谓语和宾语之间、复谓结构组成成分之间以及谓语和补语之间的易位现象做了细致而全面的探讨。周一民（1985）描写了北京口语中9个动词后缀"巴、达、拉、咕、唻、哄、腾、道、哥"的基本特征。许德楠（1984）分析了汉语口语中一些容易失落的语言成分。张文贤、崔建新（2001）就汉语口语对话语体中零形回指用法进行了探讨。储泽祥（2008）深入分析了汉语口语中表程度的后置标记"去了"的句法、语义特征。另外，还有人研究了某些口语句式，如"他说他的，我干我的""这锅饭吃了五个人"等，以及对老舍作品中口语句式的研究。这些研究为后来的研究提供了很好的基础，但是有一部分研究的语料并不是纯自然语言，很多语料都来源于电视访谈、对话节目、电影对话、小说对话等，其实这些都不是原生态的口语，都有一定程度加工、带有一定的艺术性，不是真正意义上的自然口语。

（二）语言非流利现象研究

关于语言非流利现象的研究国外有很多成果，而国内的研究则主要以介绍性为主。杨军（2004）系统介绍了国外语言非流利现象研究的基本情况，其重要成果涉及多方面内容：麦克雷和奥斯古德（Maclay and Osgood，1959）比较深入地研究了犹豫（包括重复、停顿等）现象；费罗姆金（Fromkin，1988）对语误、詹姆斯（James，1973）对插入感叹词、莱维尔特（Levelt，1983）对言语修正等都进行了开拓性研究；特别是随着 20 世纪 80 年代到 90 年代语料库语言学和计算语言学的成熟和发展，非流利现象的研究更加深入，其中博士论文就有三篇，福克斯·特里（Fox Tree）的《言语非流利的理解》（1993），利克利（Lickley）的《自发言语中非流利产出的检测》（1994），施里伯格（Shriberg）的《非流利产出理论初步》（1994），这些研究使口语非流利现象的研究从零星走向了系统。杨军在综述国外研究的基础上归纳和探讨了非流利口语产出的定义、分类、研究角度和重要假说，并着重分析了停顿、重复、自我修正等典型非流利现象。马冬梅（2012）在总结分析现有口语非流利产出研究分类体系上存在的问题之后，提出新的分类体系，主要分成简单非流利、并列非流利、复合非流利三大类，其主要内容包括非流利停顿、非流利重复、非流利填充语和自我修正。关于非流利的实证研究主要存在于外语教学界，主要是探究第二语言产出的非流利现象，这方面的研究成果还不算少。

国内关于语言非流利现象的研究成果主要体现在两方面：一是非流利性重复，二是口误。

重复包括语用性重复和非流利性重复，前者是一种语用技巧或修辞手段，不是本书关心的问题，后者也是话语中一种常见的现象，其大量出现和口语的即时性有非常密切的关系，在口语交际中，说话人需要边想边说，其流利性自然难以得到保证。国内第一个对口语中的非流利性重复现象进行比较全面阐述的学者是陈建民。陈建民在《汉语口语》（1984）中详细分析了重复啰唆的四种表现：第一，思维出现障碍时的填空，在思维出现障碍以后，有文化的人会通过沉思片刻把话连接上；文化低的人不是默默地思索，而是不自觉地重复一些字眼，利用重复填补一时接不上话来的空档；第二，想跟不上说而引起的反复；第三，加强语气的重复和发语词；第四，有信息根据的重复。这些重复现象大多数都造成了语言的非流利性。近年来在非流利性重复现象研究中着力较多的是梁丹丹，其《自然话语中的重复现象》（2012）比较深入地研究了口语语篇中的非流利性重复现象，该书把非流利性重复分为非流利性紧接重复和非流利性缝制重复。非流利性紧接重复的判断标准有三：第一，是一种非流利产出，即言语流利故障；第二，重复项与被重复项之间除无声停顿外无其他项，重复项与被重复项为同一说话者发出，二者通常还会表现出韵律上的不流畅；第三，重复的单位可包括词及词以上语段单位。非流利性缝制重复的判断标准有二：第一，是一种非流利产出，即言语流利故障；第二，重复项与被重复项之间存在其他项，二者为同一说话者发出。该书描写了这两种非流利性重复的表现形式，并分析了其背后的心理运作因素。

关于口误研究，国内最早的有影响的文章是沈家煊在《中国语文》（1992）上发表的文章《口误类例》，该文把口误共分为先置、滞后、互换、颠倒、替代、混合、归并、增减等八大类，并对这八种类型进行了深入的描写分析。姜美玉（2001）的博士论文对汉语口误进行了比较深入的研究，该文把口误分成两个维度，一个维度是口误形态，共分为先置、后滞、互换、颠倒、截搭、并说、归并、替代、省略、增加等十类；另一个维度是所牵涉的语言单位，包括从区别特征、音位、音位组合、音节等语音单位到语素、词、词组等有意义的单位。该文尤其对语音层面的问题进行了比较深入的探讨，最后还分析了口误的修正机制。

总的看来，学界对非流利性语言现象的研究成果不是太多，研究还不是太深入，更没有人专门探讨老年人口语中的非流利现象，本领域还有较大的挖掘空间。

三、语言能力衰退研究

语言能力的衰退包括正常情况下的语言能力衰退和因病变而造成的语言能力衰退，前者一般被称为语言磨蚀，后者则属于语言障碍。

（一）语言磨蚀研究

语言衰退既包括外语的衰退，也包括母语的衰退，目前研究较多的是外语的衰退，常见使用的术语是语言磨蚀（language attrition）。语言磨蚀是语言习得的逆过程，指双语或多语使用者由于某种语言使用的减少或停止，其运用语言的能力会随着时间的推移而逐渐减退。

国外有关语言磨蚀的研究源起于 1980 年在美国宾夕法尼亚大学召开的首届语言磨蚀会议，会上，兰伯特（Lambert）首次使用 attrition 一词，之后语言磨蚀被确定为一个新的研究领域。在随后的研究中，不同学者使用的名称大不相同，主要有丢失（loss）、遗忘（forgetting）、衰退（regression）、萎缩（atrophy）、退化（deterioration）、衰落（decline）、磨损（obsolescence）等。30 年来，语言磨蚀研究中出现了兰伯特（Lambert）、巴赫里奇（Bahrich）、威尔腾斯（Weltens）、塞利格（Seliger）、汉森（Hansen）、德·伯特（De Bot）、科普克（Kopke）、施密德（Schmid）、莫雷尔·凯泽（Merel Keijzer）、爱塞·古雷尔（Ayse Gurel）等一批有影响的学者，并形成了很多重要的理论，如语言动态系统理论，语言干扰、变形理论，关键阈值理论，语言提取失败假说，雅各布逊回归假设。其中影响最大、争议也最大的当属"雅克布逊回归假说"（Jakobson's Regression Hypothesis）。1880 年，里波特（Ribot）提出"Ribot"规则，即最近学习的语言内容，最容易遗忘。1941 年雅各布逊将它引入失语症的研究，1980 年弗雷德（Freed）引入语言磨蚀研究，并命名为"雅各布逊回归假说"，认为磨蚀是习得的镜像，即语言的磨蚀顺序与语言习得顺序正好相反，后学会的先磨蚀，先学会的后磨蚀。后来也有学者提出倒置假设（inverse hypothesis），其核心思想是掌握得最好的语言技能最后遗忘。

国外语言磨蚀研究中出现了一批有影响的著作，如兰伯特和弗里德（Lambert 和 Freed）主编的《语言技能的磨蚀》（*The Loss of Language Skills*）（1982）开启了语言磨蚀这一新的领域，威尔滕斯（Weltens）著的《发展中的语言磨蚀》（*Language Attrition in Progress*）（1986）巩固了语言磨蚀研究的学科地位，塞利格（Seliger）的《母语磨蚀》（*First Language Attrition*）（1991）标志着母语与外语语言磨蚀研究的分离，施密德（Schmid）的《母语磨蚀：使用与维护》（*First Language Attrition*, *Use and Maintenance*）（2002）为母语磨蚀研究奠定了基础。近年来又有两部重要著作，巴巴拉·凯普克（Barbara Köpke）等主编的《语言磨蚀理论研究》（*Language Attrition*：*Theoretical Perspectives*）（2007）系统介绍了语蚀现象的产生和影响因素，语言学框架和理论对语蚀现象的解释和应用，早期双语使用者的语蚀现象研究，人的情感、态度和身份在语蚀现象方面的影响。莫妮卡·施密德（Monika S. Schmid）的《语言磨蚀》（*Language Attrition*）（2011）从语言本身以及性别、受教育程度等语言之外因素讨论了语言磨蚀的诸多特征，并指出了实施语言磨蚀研究应该注意的事项以及具体的实验设计方法和数据分析方法。

国内关于语言磨蚀的研究基本上是介绍性质的，杨连瑞、潘克菊（2007），李方芳、关丽娟（2009），韩大伟、宋葳（2011），林立红（2013）等，都先后介绍了国外语言磨蚀研究的相关理论。杨连瑞（2011）综述了国外语言损耗研究的主要内容，包括语言损耗开始年龄、性别、动机和态度、认同和民族自尊、与损耗语言接触的情况等诸多社会心理因素。国内有关语言磨蚀的专著目前只看到两部。第一部是许小颖的《语言政策和社群语言》（2007），这是一部研究第二语言环境中母语磨蚀的专著，该书考察了新加坡福建社群闽南话使用技能退化的情况，并分析指出这种退化是由于语言政策引起的。第二部是倪传斌的《外语磨蚀的影响因素研究》（2012），该书系统地介绍了语言磨蚀的名称、分类、属性、相关理论，并结合国内大学毕业生英语磨蚀情况进行了实证研究，考察了词汇、句法磨蚀的基本特点，并分析了影响语言磨蚀的主要因素。

（二）语言障碍研究

后天性语言障碍也是语言能力衰退的一种表现形式，是由于病变而造成的结果。有关语言障碍的研究属于语言病理学的范畴，林馨、王枫（2010）主编的《语言病理学》归纳了其研究领域包括失语症、构音障碍、嗓音障碍、听力障碍、口吃、自闭、裂唇等方面。目前研究最多的是失语症问题，无论是老年人还是年轻人都可能因病变而罹患失语症。失语症的科学研究已经历了一个多世纪的时间，成果非常多。从国内文献来看，早期研究是以译介西方著作为主，伍铁平早在 1981 年就介绍了雅各布逊的《儿童语言、失语症和语音普遍现象》，沈家煊在 1992年翻译了谢拉·布鲁姆斯坦（Sheila E. Blumstein）的论文《神经语言学：对失语症中语言与脑关系的综观》，杨亦鸣（2002）等又介绍了美国学者大卫·卡普兰（David Caplan）所著《神经语言学和语言失语症学导论》（*Neurolinguistics and Linguistic Aphasiology：An Introduction*）。21世纪以来，国内失语症方面的实证研究也有了很多成果，着力比较多的是清华大学的崔刚和华中师范大学的周统权，两人的博士学位论文都和失语症有关，且都写过一系列论文，前者侧重于对失语现状的调查了解，后者侧重于从语言理论角度探究深层原因。另外，罗倩、彭聃龄（2000），梁洁、安乐（2004）等人先后写过失语症研究的综述。

总之，我们研究的主要目标是通过口语非流利现象探究老年人某些方面语言能力衰退的基本规律，目前学界对口语非流利现象的实证研究并不多见，对语言能力的衰退有过一些研究，但主要是外语能力衰退的研究。科普克和施密德（Kopke and Schmid，2003）把语言能力的衰退分成四种类型：第一种，母语环境中的母语衰退，如老年人的语言衰退；第二种，外语环境中的母语衰退，如移民的母语衰退；第三种，母语环境中的外语衰退，如在母语环境中学习的外语；第四种，外语环境中的外语衰退，如老年移民的外语衰退。我们认为，这种分类是从表象来分的，如果从深层原因来区分的话，语言衰退应该包括三种情况：①社会原因而导致的语言衰退，如上述分类的第二、三、四类都属此种情况，目前学界有关语言衰退的研究主要集中在这一方面，其中成果最丰的又数母语环境中的外语衰退；②病变原因而导致语言衰退，有关失语症的研究即属此类；③正常的生理机能退化（非病变）而导致的语言衰退，主要指老年人的语言衰退。这种分类中第二类和第三类即病变性语言衰退和生理性语言衰退又有某种内在的联系，病变是大脑语言控制区发生突变造成的（比如，突然的损伤），而其实正常人的大脑各个区包括语言控制区到了一定年龄后也在慢慢发生功能的萎缩和减弱，只是这种过程比较缓慢，只有到生命最终消失时才完全停止。从这个角度说，失语症是由于大脑突变造成的语言障碍，突显的是语言衰退的结果，而老年人语言衰退则是大脑渐变造成的语言功能减弱，突显的是语言衰退的过程。目前对突显结果的失语症研究成果相对比较多，而对突显过程的老年人语言衰退现象研究则非常少见。我们的研究就是要探讨由于年龄老化而导致的语言能力衰退现象，即研究语言衰退的过程。

第二节 老年人生理心理特点概述

从生命体发展的基本规律来看，人的一生可以分成三个阶段，即早年期、中年期和晚年期，早年期是生命体发育成长的阶段；中年期人在各方面都达到最佳状态；进入晚年期，人的各项指标性能都在开始慢慢地下降，其生理、心理等方面都表现出不同于早年和中年的特征，其语言也不可避免地会发生某些变化。

一、老年与衰老

习惯上，人们一般按年龄大小来确定老年。如果从科学研究的角度进行界定，人的年龄包括日历年龄、生理年龄、心理年龄、社会年龄等。（顾大男，2000）日历年龄是指从出生时刻起到统计时刻为止所经历的整年数；生理年龄是指人达到某一日历年龄时其生理和功能反映出来的水平，简单说来就是反映个人身体状况的年龄。心理年龄是一个人从行为尺度推导出来的在适应环境变动的能力上所能达到的阶段；社会年龄则包含着经济、制度或法律上的色彩，涉及就业和退休问题，这是工业化社会的产物。

传统上说的老年人很难有确定的年龄界限，进入工业化时代以后，已经形成了一些全球性的标准，大多数国家基本上都用立法或法规等制度形式确定老年人的年龄界限。目前，国际社会对老年人的界定标准一般有两个：一个是1956年联合国推荐的65岁，发达国家采用此标准比较多；另一个是1982年世界老龄问题大会上推荐的60岁，发展中国家采用此标准比较多。在我国也有两个标准，一个是1964年第一届全国老年学与老年医学学术研讨会规定60岁为老年期，另一个是1981年第二届会议又建议65岁为老年期的起点年龄。但我国在制度上一直执行的是60岁标准，即60岁退休基本上就认定进入老年期。

自工业革命以来，随着世界经济的发展、生活水平的提高，人的平均寿命开始提高。根据联合国以60岁或65岁以上人口占国家总人口10%或7%作为老龄化社会的标准，西方很多发达国家早就进入老龄化社会，法国1865年、瑞典1890年、德国1910年、英国1930年分别进入老龄化社会，我国也在1999年进入老龄化社会。（高云鹏、胡军生、

肖健，2013）进入 21 世纪的中国，老龄人口的比率更大，第六次全国
人口普查资料表明，截至 2010 年 11 月 1 日，我国 60 岁以上的人口将
近 1.8 亿，占总人口的 11.47%，65 岁以上的人口将近 1.2 亿，占总人
口的 8.92%。近年来人社部酝酿将退休年龄延长到 65 岁，就是基于这
种客观实际情况而提出的设想。以此看来，以 65 岁作为老年人界定的
标准是符合中国实际情况的。

　　衰老与老年尽管有一定的联系，但并不等同。衰老是从生物规律的
角度来说的。美国老年医学家斯特雷勒（Strehler）认为，衰老是生殖
机能停止后的这一时期发生的退行性变化，这些变化将导致生物体生存
能力明显地下降；梅达沃（Medawar）认为，衰老是机体在增龄过程中
随之发生在体力、能量和感受性等方面的退行性变化；康佛特（Com-
fort）认为衰老是随着日历年龄增加或生命期的过渡，生命能力逐渐丧
失，进而导致死亡的过程。国内老年学研究专家邬仓萍（2011）认为，
衰老是人类在生命过程中整个机体的形态、结构和生理功能逐渐衰退的
现象的总称，这是有机生命过程的自然规律。应该说，衰老是一个复杂
的过程，随着年龄的自然增长，人类的生理机能的退化是不可阻挡的自
然规律，尽管不同的人其衰老的时间表有差异，但基本规律不可逆转。
印度学者卡南高认为，生物体从胚胎直至死亡的活动能力的模式变化图
是与以 45°角向上投掷的标枪的轨迹相类似的。标枪在开始时运行得很
快，接着就逐渐减慢，达到一个平稳期后就下降，下降的速度在接近地
面时，由于重力的牵引而加速。人类胚胎生长和其他机能增加得很快，
并持续至出生后 16 岁左右，之后速度就减慢。20 岁左右开始达到平稳
期，直到 30~35 岁前，在机能上觉察不到有什么变化。此后有几种功
能便开始衰退了，衰退的速度随着年龄的增加而加快，也就是整个机能
下降的速度在 60~70 岁之间比在 50~60 岁之间要快。随着年龄增长，
神经系统的结构与功能的变化是相当明显的，40 岁以后脑细胞数量明
显减少，每天大约要丧失数以千计的神经细胞，到 80 岁时，神经细胞

数减少约25%，成人脑神经细胞不能再分裂增殖，丧失后得不到补充，致使脑体积缩小，重量减轻。（邬仓萍、姜向群，2011）

随着年龄的增长，个体进入老年后会出现须发白化的现象，不仅头发会变白，而且鼻毛、眉毛也会出现白化。鼻毛和眉毛白化是检测人类衰老程度的重要形态学指标。据调查，我国男性在30岁以后就会逐渐出现鼻毛白化的现象，60岁以后几乎所有的男性的鼻毛都会白化；不过，女性鼻毛的白化并没有表现出男性这样明显的年龄特征；此外，还有调查发现，40~49岁男性眉毛白化率为7%，而90岁及以上男性眉毛白化率为72%。（肖健、沈德灿，2009）但是，在现实生活中我们也常常可以看到，有些人年纪很大了白头发还很少，而有些人还很年轻，甚至是30来岁就出现了白头发（不包括"少白头"这种特殊情况）。因此，仅仅根据白发来判断进入老年并不是很可靠。

发展心理学认为，个体的生理和心理机能都会经历一个由不成熟到成熟，再到衰退的变化过程。老化（aging）就是指衰退阶段所表现出来的一系列形态学以及生理、心理机能方面的退行性变化。老化与年龄并没有简单的对应关系，老化并不只是在晚年才开始出现，不过是年龄越大老化现象越明显而已。事实上，人们在30岁以后，大多数身体系统的机能每年大概会下降0.8%~1%（Hayflick，1997）。当然，这个过程很缓慢，只是到了60岁以后，变化才容易被人观察到。不过，不同的机能老化的程度不同，复杂机能比简单机能老化得快（Botwinick，1977），大量研究已经确定，简单反应时从婴儿期到30岁之前越来越快，到50岁、60岁时开始逐渐减慢，但减慢的程度不明显，70岁以后，反应时迅速减慢（Welford，1977；Jevas and Yan，2001；Luchies et al. 2002；Rose et al.，2002；Der and Deary，2006），这可能是因为单个的简单机能只是老化一点点，因而不明显。但是，一个复杂活动需要多个简单机能，这些简单机能老化效应的叠加，使得老化的总效应成倍地增加了。此外，复杂机能比简单机能下降快的现象，不仅会发生在生理老化上，也体现在心理老化上。

学界普遍认为，最早从事老年心理学科学研究的是19世纪比利时著名数学家、统计学家奎特勒（L. A. Quetelet，1796～1874），他也被认为是对老年学进行科学实证研究的第一人。他于1835年就对刚出生至老年期的出生率、死亡率、身高、体重、智力、运动能力等与年龄和性别的关系进行了系统的研究，阐述了随着年龄增长人的老化问题。他认为，人的寿命与随年龄增长而出现的行为变化存在着较大的个体差异，生活环境会影响个体衰老的早晚和速度。（高云鹏、胡军生、肖健，2013）

总之，尽管老年与衰老之间不能完全画等号，但是，在老龄化过程中，衰老是不可避免的自然规律，人的各种器官、功能都会老化，语言能力也一样会衰退。

二、老年人的基本感知特点

感知是感觉和知觉的统称，感觉是人脑对直接作用于感觉器官的客观事物的个别属性的反应，知觉是人们根据生活经验，把各种感觉提供的信息综合起来对客观事物的整体反应。人类的一切信息都是通过视、听、嗅、触等感知觉获得的，因此感知觉能力是人类生存的基本保障。人类的感知觉能力依赖于人体感觉器官的生理结构，随着年龄的增长，感觉器官的生理结构会发生退行性变化，与此相对应，老年人的感知觉能力也要发生改变。老年人感知觉能力的衰退给老年人的听说读写等语言活动造成了一定的障碍，最终可能影响其语言能力。

研究发现，在各种心理活动中，老年人感知觉的变化是比较早的，而且最为明显。一个人到五六十岁以后，不仅听觉和视觉，连味觉、嗅觉和皮肤感觉，也都随年龄的增长而逐渐发生退行性变化。中医名著《黄帝内经》中的《素问·阴阳应象大论》里有如下论述："年四十，而阴气自半也，起居衰矣；年五十，体重，耳目不聪明矣；年六十，阴痿，气大衰，九窍不利，下虚上实，涕泣俱出矣。"这段话生动地刻画了人到达一定年龄之后，由于生理机能的变化，其视觉、听觉、味觉和性情都会发生很大的变化。

老年人群体的视觉能力衰退非常明显，尽管这其中有个体差别。据研究，视觉在 5.1 以上的人群中，39 岁以下者占 80%，40～50 岁减到 60%，51～60 岁减到 50%。在 60 岁以前，远距离视力保持在比较稳定的水平上，60 岁以后才明显衰退。所以，老年人的视觉特征表现为：近距离视力比远距离视力的变化更大，即出现看近不清楚、看远清楚的现象。换言之，在 0.3 米左右的读书距离内视力减退。老年人的视力水平在 60 岁以后急剧衰退。据统计，70 岁健康老人的视力超过 0.6 的只有 51.4%，其中，近距离视力比远距离视力减退得更为明显。（余运英，2012）

同视觉能力衰退一样，老年人的听觉能力也衰退明显。随着年龄增加，组成耳蜗的毛细胞减少、萎缩、变性，骨膜变薄及混浊逐渐加重，耳蜗神经节变性，听神经纤维数目减少，听觉皮层神经细胞数量也减少，听神经功能减退，致使老年人听力逐渐减退，语言辨别能力有障碍。听力在 20～50 岁时是相对稳定的，以后逐渐下降，到 80 岁则可能下降 25% 或更多，特别是对较复杂和速度快的语言的听力，其中男性比女性减退得更明显。（余运英，2012）有人认为，70～80 岁的老人 32% 有严重的听觉障碍，80 岁以上的老人超过 50% 有严重的听觉障碍，有人甚至认为，75 岁以上的老人中 70% 有听力问题，我国 63.6% 的老人有听力减退现象。（高云鹏、胡军生、肖健，2013）老年人听觉能力的衰退直接影响到他们对言语的知觉和理解能力。研究表明，老年人对普通话言语的接受阈限随年龄的增加而升高，对语言辨别的正确率 50 岁以后明显下降，到了 80 岁可下降至 25%。另外，老年人言语知觉能力的抗干扰性比年轻人差。其原因是中耳和内耳的听神经细胞的萎缩和老化，及其传导功能的丧失。据研究，80 岁比 30 岁时的听神经传导速度要下降 15%。（刘荣才，2009）听觉能力随年龄的增长而衰退还存在着性别的差异。研究发现，男性衰退得比女性快，受损失的音调也比女性的高：男性老人对 4000 赫兹以上的声音听力明显下降，而女性老人对 6000 赫兹以上的声音才出现明显的听力下降。另外，男性的听力衰退比女性要早一些，男性在 32 岁左右就开始衰退，女性则在 37 岁左右才开始下降。（赵慧敏，2010）

老年人身体局限对语言能力造成了一定的影响。随着年龄的增长，老年人的视觉、听觉、手指的关节、肌肉等身体的衰退，给老年人的听、说、读、写等语言技能造成了一定的阻碍。大部分老年人的视力恶化，视敏度降低。有研究显示，大约 23% 的老年人不能阅读正常打印的字体；感知能力下降会直接影响到信息加工的效率；轻度听力损伤（35 到 50 分贝）的老年人很难记住听到的词表，尽管他们完全能够重复这些词；耳蜗变性和信号传输保真度的改变在某些条件下，如在喧闹的环境、讲话者的语速快、内容乏味，会对语言理解有更显著的影响。看来，听力受损的老年人能知觉词，但是需要更大的努力做到这一点，留下更少的心理资源进行编码和记忆。因此，听觉的改变能够解释很大比例的语言能力上的老化衰退。（高云鹏、胡军生、肖健，2013）

嗓音也经历了变化。明显的改变是音高提高了，发音控制减弱了，这一改变源自多种因素，包括肌肉损耗和肺活量减少，也可能由于不合适的假牙、吸烟等因素。由于这些原因，老年人声音输出通常较差。声音效率损失也表现在正常的说话、朗读都放慢了发音的速度。还应该注意，说话速度与记忆的广度显著相关，即记忆广度越小，说话速度越慢，这也暗示着语言与认知的关系。（高云鹏、胡军生、肖健，2013）

三、老年人的基本认知特点

认知是人对作用于人的感觉器官的外界事物进行信息加工的过程，在心理学中是指通过形成概念、知觉、判断或想象等心理活动来获取知识的过程，其中记忆和思维是最重要的认知心理现象。记忆是过去经历过的事物在人脑中的反映，一般可以分成短时记忆和长时记忆。短时记忆是对刚刚过去（几分钟或几秒钟前）的事件和项目的临时存储，据有关研究，老年人在短时记忆上衰退比较小。（Craik and Jennings，1992）长时记忆一般认为包括三种类型：情节记忆、语义记忆和程序性记忆。情节记忆涉及有意识地回忆情节或事件；语义记忆牵涉对"世界知识"广义的理解，包括语言、物体、地点、空间关系、社会准则、事实，以及各种概念；程序记忆包括感觉运动技能，学习和记忆程序、顺序和规则，通过重复而启动（repetition priming）。研究发现，老年人在情节记忆任务上有显著的老化衰退现象，主要表现为不能记住细节；研究者还发现，老年人不仅记忆信息目标能力不足，而且他们对自己的错误的记忆还非常自信。（高云鹏、胡军生、肖健，2013）这可以解释为什么老年人会一遍又一遍地重复同样的故事，因为他确信没有告诉过你。

有证据表明，人们度过中年和老年，获得了更大的词汇量和更广泛的关于我们周围世界的知识。知识的增加可以在某种程度上补偿情节记忆的衰退。例如，项目和事件以一种有意义的方式与语义记忆的信息相联系，增加了成功提取这些项目的可能性，这种类型的语义编码策略对老年人和年轻人都是有益的（Froger et al.，2009）。

虽然词汇知识相对免受年龄影响，但对老年人来说，提取词的难度增加了。"舌尖现象"（The-Tip-of-the-Tongue Phenomenon，简称 TOT）就是一个例子。当我们试图想出一个词，通常是一个名词，有时是一个恰当的名字，这时可能出现舌尖现象，即无法提取想要的词或名字，但我们确信自己知道这个词，有时能想到其中某一个字，某一个发音，或某方面的意义。自然日记研究和实验室研究都对舌尖现象进行了调查。布朗和麦克尼尔（Brown and McNeill，1966）是首先研究舌尖现象的人，他们给被试一些晦涩单词的定义，并要求被试提供单词。被试可能知道这些词，也可能不知道，在某些场合出现 TOT 状态。通常，被试能提供词的某些细节（例如，他们有 57% 的比率可以确定第一个字母）。博克、沃尔斯利和马丁（Burke，Worthley and Martin，1988）决定研究老年人的 TOT 状态，部分是因为年长的被试在十项实验中抱怨这个现象已经成为问题。事实上，一般年纪大的人不善于记忆单词，尤其是姓名。博克等人要求年轻组和老年组被试记录下在四周内他们所发生的 TOT 状态，并记录在这个状态时他们所能记得的单词的所有的细节，以及他们最终是否想起来了，即 TOT 是否解决了。博克等人发现，老年组比年轻组报告更多的 TOT 状态，而 TOT 被解决的比率没有年龄差异（两个年龄组都是超过 90% 最终发现了这个词）。然而，在 TOT 状态，年轻组被试报告的关于词的细节显著更多。后续的研究还表明，与老年人相比，年轻人的 TOT 保存更多的信息，并更接近识别阈限。例如，其他研究者发现，如果问被试一些常识性问题，偶尔出现 TOT 状态，一个语韵学的启动（例如，词的第一个发音）能解决年轻人的 TOT 状态，不能解决老年人的 TOT 状态（White and Abrams，2002）。

博克等人也发现，产生 TOT 的词的类型存在年龄差异。年轻组和老年组最大的困难都是专有名词。在其他词汇中，老年组最大的困难是名字和日常用品，年轻组最大的困难是抽象名词。最后一个区别是，年轻组被试往往积极搜索想要的词，甚至找别人来帮忙，而老年组被试通常只是希望这个词自己"蹦出来"。在一个类似的研究中，科恩和福克纳（Cohen and Faulkner，1986）要求被试记录在两周内发生的关于人名的 TOT 现象。令人惊讶的是，大多数（68%）是朋友和熟人的名字。

也许，正如科恩（1989）指出的，"有更多的机会忘记频繁使用的名字"。通过这些发现我们可以猜测，老年人提取微弱的记忆痕迹时有困难，他们出现更多的 TOT 状态，而且当他们陷入 TOT 状态时，他们只有很少量的有关细节。因为他们缺乏目标词的许多细节，就不值得在很少的现有资料的基础上搜索这个词。相反，年轻人能记起更多细节，因此有更多的信息进行加工，可能会觉得值得花时间搜索自己的记忆。

研究者发现，虽然已存储的语义记忆不受老化影响，但存储新的语义记忆可能老年人比年轻人逊色。从语义记忆中提取项目的能力在晚年会下降。例如，一些研究者发现，如果给定一个类别，要求被试举出属于该类别的例子，老年人的能力不如年轻人。许多老年人对词的定义虽然正确，但不够严谨。（高云鹏、胡军生、肖健，2013）

四、老年人的角色变化和心理特点

人是社会性的动物，任何人都处于各种各样的社会关系之中，所有的社会关系综合起来就构成了一个社会网络，人们在这个巨大的社会网络中充当着各种各样的社会角色，这些社会角色往往会随着时间和空间的转移而发生一定变化，其中有的变化是细微的，有的变化则是巨大的，甚至可能造成对生活状况的颠覆性改变。

人进入老年期以后，其社会角色就发生了巨大的变化，从职业角色过渡为闲暇角色，从社会网络的主角退化为配角，从交往范围广、活动频率高的动态型角色转变为交往圈子狭窄、活动频率低的静态型角色，这些变化对老年人的心理会产生巨大影响，甚至对老年人的健康都会产生影响，对其语言表达风格和语言能力也会有影响。随着年龄的增长，大多数老年人开始失去父母、员工、配偶等角色，这经常导致他们感到失去对生活的掌控。如果一个人觉得自己能控制生活，有社会权力和威望，将带来更好的健康（Krause et al.，1992）；相反，如果一个人失去对生活的控制能力将使其感到无能为力、隔离、自我疏离、无意义、无规范感（normalessness）（Van Willigen, 2000）。此外，老年人一般和他人联系较少，使得他们的社会网络收缩，而这又导致健康状况更差（Moen, Dempster – McClain and Williams, 1992）。还有，随着年岁的增长，身体健康水平的下降、社会交往圈子的缩小、空闲时间的增多，会出现一系列消极情绪体验。衰老感和怀旧感同现，空虚感与孤独感共生，焦虑感与抑郁感相伴，自尊感与自卑感共存。衰老感指的是个体面临正常生理衰老现象或退休、丧偶等生活事件而产生的"老了，不中用了"的心理体验。衰老感使老年人受消极自我暗示的影响，加剧大脑功能的衰老甚至病变，从而产生短期记忆明显下降，临时遗忘显著；在态度和行为方面变得固执、怪癖，过度关注自身的生理变化，自我封闭；严重的衰老感甚至会引发濒死感。怀旧感指的是个体面对老年期的处境而产生的对年轻时代或故人、故物怀念和留念的一种心理体验，大多数老年人都有这种心理状态。

老年人不但自身的社会角色发生了巨大变化，而且他们在别人心中的角色也发生了巨大的变化。根据角色理论（role theory），一个社会角色不仅包括个人的自我概念，也包括社会上的其他人认为一个特定地位的人应该有什么样的行为。有些研究者认为，社会有文化年龄规范，人们期望到了特定的时候就应该到达生命中的某些特定的里程碑，比如，结婚、生子、退休，等等。如果这种生命的里程碑"不合时宜"，或者大大不同于社会上的其他人，就会出现问题。也就是说社会的普遍观点认为，老年人就应该退居家庭安享晚年，老年人的思想已经僵化不中用，老年人的观念都是陈腐落后的，这种社会的角色意识又进一步加剧了老年人的自我封闭和消沉。

老年人生理和心理特点的变化对老年人语言表述自然造成了很大的影响，最常见的就是老年人爱"唠叨"。老年人爱"唠叨"除了长辈关爱晚辈的天性以外，还和老人的生理、心理特点有关。从生理上来说，过了 45 岁后，人就进入了更年期（包括男性），更年期人的内分泌系统将会发生很大的变化，这是直接导致中老年人情绪和个性与他人格格不入的现实原因，同时也造成了一种无法自控的"唠叨"。埃斯波西托（Esposito，2005）还提出抑制缺陷（inhibition deficits）理论，认为老化损坏了抑制无关信息的能力，以致这些无关信息在认知加工过程中活跃起来。抑制过程有两个功能：①阻止无关信息进入工作记忆，②删除与当前的工作不再相关的信息。当抑制过程受损，人们会受无关信息的强烈干扰。现实生活中我们看到，老年人更容易考虑与当前的及与认知加工无关的想法（如与个人相关的信息），容易遐想，当描述与他们的生活相关的事件时，容易偏离话题。低效的抑制机制可以解释这些情况的出现。因此研究者提出，可能有一个统一的机制可以解释更广泛的认知问题。如果不能抑制干扰信息，就不能真正注意应该注意的东西，就不能记得应该记得的东西。从心理上说，老年人由于生理衰老，开始显得精力不够充沛，许多事情自己不能直接参与，或者无法再像年轻时那样从容和潇洒地把事情做得较为理想。因此，他们只好通过说话来表达自己内心的想法和情绪，这样他们才会觉得心理平衡。同时，由于自尊心的强烈作用，老年人对自己的态度和观点都会进行坚决的维护，也就是心理学上说的"自我防卫"，否则，老年人就会觉得自己好像真的"朽木不可雕矣"，他的心理自然就无法平衡了。这个时候，老年人为排除寂寞，也会借助唠叨、重复的语言来为自己的生活增添一点热闹的气氛。老年人津津乐道的就是自己的陈年往事，自己以前取得的成就，这都是为了能得到一点儿心灵上的慰藉，以摆脱现实的空虚和无奈。所以，老年人总显得那么啰唆，无休无止，没完没了。

第三节 老年人口语非流利现象概述

关于口语的流利性和非流利性问题，外语教学界、心理学界、神经医学界、认知语言学界、儿童语言学界、语用学界等都有过相关探究。我们结合老年人的口语材料，从语言产出的角度来展开讨论。

一、口语的流利性与非流利性

关于语言流利性的定义，目前学界有过一些说法，但还难以统一，不同学者从不同视角进行阐述。菲尔默（Fillmore，1979）从流利性角度区分出母语的四种能力：一是以话语填充时间的能力，二是用连贯的、理性的、语义密集的句子说话的能力，三是在较宽范围的场合驾驭合适话题的能力，四是在说话过程中的创造性和想象力的能力。怀特（White，1995）认为，口语流利性主要体现在三个方面：首先是语调、重音和停顿的正确性，其次是遵从语法，最后是能够表达出说话者的想法、感受和观点。张文忠（1999）认为，流利性包括流畅连续性、连贯性和语言可接受性三个因素。流畅连续性主要指话语产出的时间性指标，如停顿时间、语速等方面；连贯性指话语内容与话题相关的命题数量以及命题前后是否连贯；可接受性是指所产生的言语中，句子结构的复杂性、多样性、语法正确性、语用合适性。陆爱桃、张积家（2005）认为，言语流畅性（verbal fluency，VF）是个体运用语言进行信息传递的流利程度，它是表现人类言语能力的一个基本标准。言语流畅性主要包括两种类型：音位流畅性（phonemic fluency）和语义流畅性（semantic fluency）。

所谓非流利性当然是和流利性相对的概念，凡是不符合流利要求的都是非流利现象。非流利现象是自然口语中的常见现象，西方学者对此有过较多探讨，尽管目前还没办法对非流利的内涵进行准确的概括，但对非流利所涉及的范围有过一些论述。根据《语言与语言学词典》（Bussmann，1996），非流利指任何形式的言语流利故障（包括病理性的言语产出失调）。杨军（2004）在总结了诸多西学者的研究之后认为，非流利指的是在时定、韵律和语序等方面明显区别于流利话语的口语产出。曾（Tseng，2003）将非流利分为四大类：语流中断（沉默、停顿、短停顿）；词语修补（重新开始、重复、显性修补、编辑语、错误、词段）；不完整句法结构（不适当用法、被对方打断、句子中断）；语助词和感叹词。一般认为，重复、停顿、修正是自然口语中的典型非流利性现象。

纵观学界的观点，我们认为，语言的流利和非流利涉及三个层面的问题：一是语法结构的准确顺畅，二是语义内容的明白无误，三是韵律搭配的匀称和谐。凡是在这三个方面中的任何一个方面出现明显失误就属于非流利现象。这三个层面的问题分属于两个不同的层级，其中第一个层面和第二个层面是最基础的问题，第三个层面则是语用层面的更高要求，所以如果从最基本的语言产出能力的角度来看的话，语法和语义两个方面的内容是最重要的。无论是书面语还是口语都有一个语法结构的准确顺畅问题，但是书面语的表达可以有足够的时间进行深思熟虑，如果排除知识水平的问题，一般其结构不流畅现象相对要少；而口语表达具有即时性，为保证交际的不间断，说话人往往没有太多的时间进行思考，这种差异决定了口语不可能像书面语一样完善，而是会出现无意义的填塞语、累赘性的重复、成分的缺损、表达的口误、不必要的停顿等诸多结构上的不流利现象。据福克斯·特里（Fox Tree，1995）初步研究，在自然言语中，每100字中就有6个字为间断语流。任何人在口语表达中都或多或少会出现语法结构的非流利现象，然而，老年人因为某些器官老化，对语言的掌控能力减弱，所以其出现语法结构的非流利现象无论是类型上还是数量上都要多于年轻人。

我们一般的感觉就是老年人说话很啰唆，深入分析就会发现这种啰唆的背后恰是有诸多的非流利现象。比如，下边是一位87岁的老年人介绍自己小孩的情况，分析就会发现，其中有很多的非流利现象。

> 老三呢是个男孩，他在①现在嘞原来在复旦大学，但现在在浙江大学教书，唉，他是搞历史的，唉②都是都是大学，唉他们那个，现在都都是③高级职职，他们都都有小孩，都都有小孩，有的是一个有的是两个，嗯。这是大女儿。④老二呢是一个儿子，我的老二是一个儿子，儿子嘞是在景德镇的二中::⑤，做老师，啊，他现在已经也到了⑥退退休的年龄了，也60多岁了。（87岁，女性）①

上边这段话只有170多个字，但其中非流利现象非常明显，至少可以分析出四种非流利的情况：第一，是累赘性的重复，包括语素的重复、词的重复、短语的重复、句子的重复等，如"退退休""都都""都有小孩，都有小孩""老二呢是一个儿子，我的老二是一个儿子"；第二，是话语被隔断，如标①处，本来想说的是"现在在浙江大学"，但刚说完"现在"之后就插入其他成分"原来在复旦大学"，使原本想说的话被隔断了；第三，是缺损，如标③处的"高级职职"，本想说的是"高级职称"，但"称"没有说出来，缺损了；第四，不必要的停顿，如标⑤处，在"景德镇的二中"和"做老师"之间本来是不需要有停顿的，但说话人在此处有一个比较长的停顿时间，此处的停顿造成了明显的话语不流畅。

---

① 例句中的"::"表示话语中出现的非结构需要或语义需要的停顿，例句后括号中的内容是标明说话人的性别及年龄，全文所有例句都如此。

二、老年人口语非流利现象的类型

口语非流利现象的表现形式多种多样，根据我们对老年人口语语料的考察发现，老年人口语非流利现象常见的有八种类型。

（一）冗余性重复

从交际效果看，口语中重复有两种最基本的类型，一类是说话人主观故意的重复，目的是为了强调，如"特别特别的重要"；另一类是说话人不可控的或无意识的重复，如"特特特别的重要"或者"特别的重要重要"，此类重复并无特定语用价值，其出现完全是话语中的多余成分，是累赘，往往影响句法结构的流畅性，这就是冗余性重复。在老年人口语中，冗余性重复比较常见。如：

（1）我十七年没有看过外语，没有摸过一下外语，因为原来学俄语，后来跟苏联又又又，关系又又又搞得不好，所以再加上中间一个文革，也就外语就几乎就是完全放弃。（69岁，男性）

（2）噶就在在在那个教育学校，呃，工作到，呃，工工工作到七六年吧。（80岁，男性）

（3）有时候看看报纸，再看看电视，完了，一般有时候写一写，写写自己的思思考的一些问题吧。（72岁，男性）

上述例句中的画线部分都是冗余性重复，这些重复成分不增加语义内容，没有特殊的语用效果，也不传达附加信息，完全是多余的成分。从形式上看，既有词的重复，如例（1），也有短语的重复，如例（2），还有词中间的某个语素的重复，如例（3）。

冗余性重复其实是不自觉说出来的词语，几乎没有经过大脑的思索，从某种程度上说有点类似于口吃，说话人只需要延续前一个语法结构相同的口形变化即可产生。

（二）填塞语

老年人口语中经常会填塞一些没有任何信息内容的语言成分，我们称之为填塞语。话语中过多的填塞语往往会造成话语的松散臃肿，影响表达的清晰度。口语中的填塞语常见的有三种形式，一是"这个/那个"，二是"什么"，三是"唉、呃、嗯"等，当它们出现在话语中又没有任何交际价值时，就成为填塞语，是话语中的多余成分，删掉之后句子更顺畅。如：

（4）我觉得<u>这个这个这个</u>闯红灯啊，行人其实不是很多，我看了下，这个骑电动，骑摩托，骑自行车的闯红灯更多。（69岁，男性）

（5）我在美国住了一年，给我印象很深，<u>那个那个那个那个</u>交通秩序非常好。（80岁，男性）

（6）这个这个50年代时候，南昌人的素质还可以，啊，<u>什么什么什么</u>路不拾遗，这个夜不闭户。（69岁，男性）

（7）我说音，唱歌嘛，要讲究音质，音色，<u>唉</u>，总要听起来感到感到优美，<u>呃</u>，这个像说话一样的，<u>呃呃呃呃</u>"一把火一把火"这样的，啥玩意儿啊，<u>呃呃呃呃</u>"妈妈你好吗？爸爸你好吗？"这也算歌曲？（78岁，男性）

（8）为我为什么会会分配到南昌，是因为这是红色，<u>呃，唉</u>，这个革命根据地，要要照顾。（79岁，女性）

现代汉语中的"这个/那个"最基本的用法是指代，而在口语中有时是话语标记，具有特定的话语功能，而在上述例（4）（5）中的"这个/那个"则既无指代意义，也无话语功能，完全是填塞在话语中的没有任何交际价值的成分，它们的出现影响了话语的流畅性，是填塞语。例（6）的"什么"情况一样，尽管"什么"在现代汉语中具有疑问和列举两种用法，但此处都不是，完全是话语中的多余成分，属于填塞语。例（7）（8）的画线部分从词语形式上看应该是语气词或感叹词，但在上述例句中既不表示任何语气，也无感叹的含义，就是填塞在话语中的一个声音，但影响了话语的流畅性，我们称之为填塞语。这些填塞语在外形上不受限制，可以只出现一个，也可以出现两个或多个连用，还可能不同的填塞语一起出现。

话语中出现过多的填塞语是表达不流畅的体现，甚至会影响交际。下边就是一位老年人的口语材料，因为使用过多的填塞语从而影响了听话人对其表达语义的理解。

（9）<u>这个这个</u>对一些对<u>一些</u>这个呃什么什么这个打打笔仗的谁跟谁跟什么什么人哪请这个呃呃呃，这个是娱乐界的一些人，啊，有呃呃呃谁跟谁闹矛盾啊，<u>什么呃</u>，不看，这个倒不是乌七八糟，它这个呃呃请律师啊，打笔仗啊，讨好民，归用民意呀，这都<u>唉唉唉唉唉</u>不看。（78岁，男性）

上例中说话人想表达的意思是目前报纸的很多内容不值得看，就举了一个例子，说介绍娱乐圈那些事的报纸不值得看，但因为使用了太多的填塞语，致使语句不连贯，已经影响到了句意的理解。

（三）话语缺损

无论是口语还是书面语，其结构成分都必须是完整的，否则就会造成信息的不完整甚至交际的障碍。当然，口语的结构成分不像书面语那样整齐连贯，口语中往往有更多的停顿和插说成分，所以其结构成分显得更加松散，但不管怎么松散，其所有的结构成分都应该是完备的，否则就没办法完整地传达语义内容。但是，在老年人口语中，经常会出现结构成分残缺的现象，某个词、短语、句子或者篇章的某个本来应该有的部分缺失了。如：

（10）但是你现在就是这样讲，你比如，100个人，在这边<u>等</u>

那个红（ ）等那个等绿灯，不闯红灯。（83 岁，男性）

（11）我的业余生活主要是看看报，一个再来就是说，嗯，还看看影（ ），看看书了，就嗯，听听，因为我很喜欢一些文艺生活啊，唱啊，听听歌略。（92 岁，女性）

（12）古代对南昌的印象就不太好，这个这个痞性有余，狡诈不足，真的你要跟人家玩权谋玩玩玩这个东西啊，你玩不过人家，但是这个这个那种痞子味道比较（ ），从南昌来说，而且南昌这个这个这个地方呢，什么出产呢，什么什么很好的东西又拿不出来。（69 岁，男性）

（13）但这种方式，给我带来很大的呃，呃，副作用吧，就是胃呀或者是腰呀（ ），好像跟这个有关系，前一段时间发作了，后来，我现在在比较注意。（79 岁，女性）

（14）这个呃，人生自豪啊，我反正从我自己这个角度来讲我都回忆了一下呃，有两个呃事反正反正我就感觉比较那那那那个呃那个问题，一个呢，就是我家里啊原来是日本鬼子呃也来过，占了大概半年多……（83 岁，男性）

上述例（10）至（14）都出现结构成分的缺损，这些缺损有的不一定影响语义的传递，有的造成了表义不清楚。例（10）（11）是词的缺损，是"红灯"和"影片"的后一个语素缺损；例（12）（13）都是句子的谓语缺损，前者的完整表达应该说痞子味道比较强或比较浓，后者可能的意思是说胃和腰不好，但说话人没有说出来，谓语缺损了；例（14）是篇章缺损，说话人想说有两个事，但只说了一个事就没有下文了，从而造成篇章缺损。

有时，结构成分的缺损往往会伴随话题的休止，即话未说完就戛然而止，或转换话题，或直接就停止了。如：

（15）我是晚上睡觉很晚，呃，上午啊，要睡懒觉，就睡到十点十一点起床，有时候晚上三四点睡觉，两三点睡觉，看书啊，看到高兴就睡了，是吧，就，<u>所以这个我这个老伴也同</u>，她学理科的，她她学理科她学化化学工程。（87岁，男性）

（16）我需要一栋这么大更大的房子就好，我的书摆不开来呀，沉在那里，你看看，一部部沉在那里，沉到那个地方，你看着不？是吧哈？<u>所以我的老伴</u>，对我这个女儿，<u>女儿现在是这样的</u>，大儿子在原来铁路里面当工程师。（87岁，男性）

上例画线部分都有成分残缺，而且又都有话题的休止，例（15）划线处要表达的意思可能是老伴也同他一样睡得晚，但没有说出来，前边介绍自己情况的话题戛然而止，然后转而介绍其老伴的情况；例（16）一方面"我的老伴"后边的结构成分残缺，致使表意不明，同时话题跳跃性非常大，一个话题没讲完就突然跳跃到另一个话题，先讲需要大房子放书，突然转到讲我的老伴，再转换话题到女儿，女儿的情况还没开始讲就转到了儿子。

（四）口误

口误是指说话人所说的和所想的不一致。口误是口语中的常见现象，一般情况下，发生口误后说话人都能意识到，往往会进行及时修正，但也有说话人不知道发生了口误从而不修正的情况。口误也是老年人口语中的常见现象。如：

（17）那那那那那我们中文系啊，那个原来是<u>汪大军当系主任，不是，汪木兰当系主任</u>，汪大军当副主任。（80岁，男性）

（18）我对南昌的印象，觉得物质很丰富，东西很便宜，嗯，这个说明，我就觉得非常满意，但是不知道是过了多少时间，我感冒了，还还还什么生病了，我就到<u>一附，二附院，就是二附院</u>，现在的二附院那个医院去看病，南昌的印象给我突然的大改变。（82岁，男性）

上述例（17）（18）中的划线部分都是发生了口误，然后说话人很快意识到了口误的发生，从而及时修正了。人脑应该有一个语言监察机制，能对说出来的话进行即时监控，一旦发现说出的话有什么不合适之处就会进行及时修正，但是有时候也会发生监察不到位的情况，就是出现了口误但并没有监察到，从而出现了真正的"言不由衷"现象。如：

（19）我们自己所相信的就是说，一个人好不好，他内心的世界，啊你想有没有宽容的心，有些人跟你<u>背面</u>非常好，<u>背后</u>说你这这这讲好多，这些人就无一善类，我们就不喜悦这样这样子的。（87岁，女性）

（20）我丈夫很怕他哥哥，每次见到他（丈夫的哥哥）就像<u>猫见到老鼠</u>一样。（76岁，女性）（江西卫视《金牌调解》）

上述例句中的划线部分都是未进行修正的口误现象，从语境我们不难判断，例（19）应该是"当面非常好，但在背后却讲好多坏话"，例（20）应该是"像老鼠见了猫一样"。

（五）后语抢先

言语的生成至少包含两个过程，一是表达内容的思维过程，即说话人在说话时要考虑说什么内容，二是语言的组织过程，说话人在想好了说什么之后要寻找适当的词语并按照语言的基本规则组织起来。思维过程一般要先行，而且一般比较快；语言的组织过程相对来说比较慢，这一点在使用不太熟悉的外语时很明显，首先要找到一些适当的词语，然后要把这些词语组织起来，如果找不到适当的词语就没办法准确地表达其语义，如果不遵循特定语言的规则进行词语的组织则会出现语法错误。对于母语使用者来说，一般情况，想到什么就能说什么，也就是说语言的组织过程和思维过程基本是同步的，但是对于老年人来说，情况有点复杂，经常会出现语言和思维不同步的情况，主要的表现就是老年人提取大脑中的词汇难度在增加，速度在变缓，所以一般来说，老年人语速比较慢，因为他们需要更多的时间来寻找需要的词汇，有时还会在词语组织方面出现误差，从而造成了一种后语抢先现象，即把本来应该出现在句法结构后边的成分先说出来，但后语抢先发生之后往往又会意识到话语不完整，从而再进行必要的修正，成为符合习惯的表述。如：

（21）我是个学生，我什么色彩也没有，什么经历也没有，我是一个孤儿就是这样的，<u>父亲</u>，我几个月父亲就牺牲了。（87 岁，男性）

（22）但是我这个人来说，<u>很不</u>，这个这个对身体耶，这个这个保健<u>很不</u>大注意。（87 岁，男性）

（23）这个打人肯定是不对咯，人家不让座，让座是一种提倡是吧？并不是非得让，这个这个这个……<u>应该</u>我们都应该提倡给老<u>人让座</u>，这个这个不是说人家不让座就就就有错，是吧？（69 岁，男性）

上述例（21）至（23）都出现了后语抢先现象，本质上都体现了语言和思维的脱节。例（21），前句出现"孤儿"，下句的核心信息是"父亲"怎么样，所以说话人大脑中映现的一个最重要的词语就是"父亲"，一般来说，说话人大脑中出现了"父亲"之后就会按照语言习惯组织话语表述，加上一些必要的辅助性成分，但是老年人因为语言组织的速度往往慢于语义表达的速度，所以大脑中一出现"父亲"这个词，马上就脱口而出了，这就造成了后语抢先，但说出"父亲"之后才意识到还缺少其他一些相关的辅助性成分，再补充完整表述"我几个月父亲"。例（22）的核心语义就是否定程度的"很不"，表程度的状语"很不"本来应该紧挨着谓语中心成分"注意"的，但此处抢在表对象的状语"对身体""对保健"之前。例（23）强调的是说话人的一种肯定的态度"应该让座"，作为核心语义承载者的状语"应该"抢在了主语"我们"的前面。

一般认为，人类的思维包括动作思维、形象思维、抽象思维，其中抽象思维是必须借助语言来进行的，或者说人类在进行语言活动时往往伴随着抽象思维。对于母语使用者来说，在需要生成某句话语时并不需要事先在脑子里把整句话想好再说出来，而是边想边说，其最先想到的往往是话语中负载信息量比较大的焦点信息成分，其他的语言成分往往在说话过程中会自然而然地生成，一般情况下，生成的句子都会符合该语言的搭配习惯，或者说符合基本的语法规则。但是，对于老年人来说，经常会发生语言和思维脱节的情况，即语言组配的速度跟不上语义表达的速度，这就很容易发生后语抢先的情况。

（六）舌尖现象

舌尖现象（The-Tip-of-the-Tongue Phenomenon，TOT），是指某些本来很熟悉的字、词或者名称，在说话过程中突然一时想不起来，通俗地说就是话到嘴边。舌尖现象最早是威廉·詹姆斯在他的著作《心理学原则》（1890）中提出的，后来由布朗和麦克尼尔（Brown and McNeill，1966）加以完善，并展开系统研究。很多人都有过舌尖现象的经历，一些平时很简单、很熟悉的人名、地名或某个词，感觉已经到了舌尖或嘴边，但就是无法记起，年岁越大出现舌尖现象的可能性也就越大。舌尖现象发生时，说话人往往会努力在大脑中去搜寻所需要的词，但有的说话人会进行长时间的停顿，以获取更多的时间从大脑中搜寻所需要的词，而有的说话人则不自觉地说出一些没有交际价值的话语"废料"，填充在目标词语之前，直到最后找到目标词为止，这个搜寻目标词语的过程就很容易造成口语的非流利现象。当然并不是任何时候都能找到目标词，有时尽管经过了艰难的大脑搜索，但最终还是找不到目标词，这也是常有的事。如：

（24）老二呢，在加拿大，加拿大呃，叫<u>什么什么呃它它它叫</u>
<u>Montreal</u>，但是他现在住在什么沓兄我一下子讲不清楚了。（89 岁，

男性)

(25) 呃，刘、刘那个刘什么，那刘刘刘什么那个最有学问的，经常来，刘什么，刘世南，刘世南，姚品文，知道啵？熊，熊大材都在后面，就是平常我们在这几个人。(87 岁，男性)

(26) 但以后我就悬在那里我就，他也没有给我就是给我国民党高级将领的儿子这个这个这个一直是这个，就是这样的原因，我也没有什么好。(87 岁，男性)

(27) 像这个这个这个浙江省啊，它出出来的文人啊，可以说是半边天下在中国，是吧？鲁迅，茅盾，夏衍，郁达夫，这些都是啊，还还有很多啊，现在的，嗯，现在比较有名的你像这个，嗯，写《活着》的那个那个小说的小说家叫什么，都是在这里。(81 岁，男性)

从上述例（24）至（27）我们可以清楚地看到舌尖现象的表现，甚至能窥测到舌尖现象发生的过程。例（24）说话人一时想不起儿子在加拿大的地名，所以就不自觉地填塞了"什么什么呃"这样的成分，最后才想起叫"Montreal"。例（25）说话人非常清楚地记得其言谈对象的基本特征"非常有学问"，也记得姓氏，但名字却难以想起来，通过不断重复姓氏获得更多的时间从大脑中提取其名字，最后终于想起来了。例（26）说话人本来要表达的意思是"他们也没有给我国民党高级将领的儿子的待遇"，但说话人一时想不起"待遇"这个词，后面不断重复的"这个这个这个……"就体现了说话人在不断搜索某个能准确表达自己意思的合适的词，但最终没有找到，所以就用"这个这个这个……"填补了这个空缺。例（27）说话人想说的是作家余华，但一时想不起来，在大脑搜索余华这个名字时不自觉地对余华的特征进行了描写，但最后还是没有想起目标词。正如奥布勒（Obler，1982）所说，老年人常常抱怨想不起一些食物的名称，他们在准确说出一个词之前常常要对食物进行详细的描述，如"在海里，有一种东西，你知道，他们有八只脚，对了，是章鱼"，他们的这种说话模式表明他们需要较长的时间去搜寻曾经十分熟悉的词语。据调查，舌尖现象不是老年人所独有，年轻人有时也会发生这种情况，但是老年人更常见，随着年龄的增加，提取大脑中词汇的难度也就增加了。

（七）插说

插说指在说话过程中插入一些相关的话语，就是一个话题还没有说完就插入另外一些话语，再回到原来的话题来。插说和语义的追补不一样，追补是对话语成分的必要的补充，不是非流利现象，而插说的往往是与话题无关的内容，可能是突然想到了其他问题，或者是受交际场景中某些因素的影响。插说也是老年人口语中常见的非流利现象。如：

（28）我看我们南昌行人闯红灯的还少，……行人还是少，行人他是怕，胆小一点，那些那些<u>骑车的人</u>，汽车也好一点，就是<u>那些骑车的更严重</u>，电动车，摩托车，它好像毫无顾虑。（69岁，男性）

（29）工作以后，我工作以来，就有一个买书的计划，<u>我的工资10%</u>，这是我的老伴，跟她商量啊，<u>我的工资我自己拿10%来买书</u>的，她同意，对的，呵呵。（89岁，男性）

上边例句都出现了插说的话语，属于非流利现象，例（28）本来应该直接说"骑车的人更严重"，但说话者说出"骑车的人"之后就想到了另一个话题，就插说了"汽车也好一点"，之后再回到"骑车的"；例（29）"我的工资10%"的话还没有讲完，插入了情境语言"这是我的老伴……"再继续"我的工资"的话题。

（八）非流利性停顿

停顿既是一种语法手段，也是一种交际手段。一个相对完整的意义表达完了就有必要的停顿，这是语法上的停顿，为了某一个特定目的而故意进行的停顿则是交际策略。如果话语中出现了过多的停顿，既不是语法上必需的停顿，也没有特定的交际目的，往往就造成了非流利性停顿，给人的感觉就是话语断断续续，不连贯。非流利性停顿在老年人口语中比较常见。如：

（30）我就有一个，有一个，熟人，那，那不是因为，那个交通事故还不是闯红灯的问题，他在就在，马路上走，一直，随便走路，在马路上走，马路上走路，就等于一辆车子当时就撞了。（90岁，女性）

（31）也有，我，所认为的，啊，并不符合我，那个要求的，而是另外一种人，比方说，说位新儒家喽，啊，主张，像这个蒋庆他们，主张把，啊，儒家的孔孟之道来取代马列主义，啊，我当然纯粹，是不同意这种说法的。（90岁，男性）

上述例（30）（31）两个例子都有太多的停顿，很多停顿都是没有必要的，太多的停顿就造成了话语的不流畅。

总之，这八种非流利现象是口语中的常见现象，其实不仅仅存在于老年人口语中，在年轻人口语中也一样存在，但老年人口语中出现得更多更频繁。

第三章

冗余性重复

从言语交际的角度来看，语言的重复包括有意识重复和无意识重复，前者是说话者故意为之的一种语用技巧或修辞手段，后者则是说话者主观上可能并没有意识到或者没办法控制的一种习惯性话语行为。比如，"他非常非常善良""他非非非常善良""他非常善良善良"，前一例重复"非常"是说话者为了强调而采取的言语策略，是有意识的重复；后两例对"非""善良"的重复并没有明显主观的表达效果，很大程度上是说话人的一种无意识或不能控制的重复。无意识重复在口语交际中比较常见，尤其在老年人口语交际中这种现象非常多，这和口语的即时性以及老年人某些方面语言能力的衰退有非常密切的关系。从话语结构来说，无意识重复的成分基本上就是一种累赘，没有任何特别的表达效果，过多的累赘性重复成分往往会造成句法结构不流利，我们把这种无意识重复称为冗余性重复。

冗余性重复，即多余的、没有任何语用价值的重复。冗余不同于羡余。学界对语言的羡余现象有过诸多研究，但对语言的冗余现象则较少涉及。赵元任、吕叔湘、朱德熙、宋玉柱、王希杰等学者都对汉语羡余现象有过论述。学界一般认为，羡余现象往往在语义上看似多余，但在语用上却有独特的交际价值，或者为突出强调，或者为调节韵律，或者为增加明晰度，或者为传达情感态度，如"免费赠送、丝竹管弦、凯旋而归"等，因此语言羡余不同于啰唆累赘。近年来也有人提到过羡余与冗余的差异。龙又珍（2008）提到，并非所有羡余都是有效的，应把羡余信息区分为无效羡余和有效羡余，无效羡余是重复啰唆的结构错误，对于语言载体本身而言价值不大。潘先军（2010）提出，如果一个成分在语义和语用上都无意义，则不是"羡余"，而应称为"赘余"，"赘余"是一种语病。曹凤霞（2011）提出冗余式羡余的概念，并下分为积极型和消极型，消极型主要指由于累赘、重复、句式杂糅而造成病句，这种冗余式羡余影响交际效果。不管是叫"无效羡余"，还是"赘余"，或是"消极型冗余式羡余"，都指出了一个共同的事实，语言中有一类结构成分尽管有语义内容，但没有明显的积极交际价值，是一种完全多余的累赘成分，我们称之为冗余。

从言语交际效率来看，冗余性重复使话语显得臃肿烦琐，造成话语不流畅，属于口语非流利现象。西方学者对口语非流利现象有过较多探讨，巴斯曼（Bussmann，1996）认为，任何形式的言语流利故障都属于非流利现象，曾（Tseng，2003）认为有些重复属于非流利现象。杨军（2004）认为，非流利指在时定（timing）、韵律和语序等方面明显区别于流利话语的口语产出。非流利性重复主要指各重复部分在同一句中，直接相连的（有时中间有停顿）一字不差的重复，不包括说话者为了明白、强调或符合韵律而产出的重复，也不包括语篇上下文指称性重复，最常见的重复是二位重复，如"thethe"，也可以是完整的音、音节、词段、词组、词串，甚至句的重复。曾（Tseng，2003）认为，词语修补（重新开始、重复、显性修补、编辑语、错误、词段）属于典型的非流利现象。马冬梅（2012）认为，非流利性重复指音节、单词或多个单词的非故意重复现象。冗余性重复没有任何语用功能或其他主观交际意图，只是使话语变得臃肿累赘，符合口语非流利现象的基本性质，属于典型的口语非流利现象，它们在句法上都是多余的成分，是话语的累赘，删除这些成分会使话语更加流畅。

我们分析老年人自然口语语料，认为冗余性重复从语法性质上可以分成三种类型：一是词内构成成分的重复，二是词或短语的句内重复，三是词或短语的句际重复。如：

（1）那时候还没用电脑呢，就要稿子，要抄，因为他右手活动不灵活了，他写的字就是跨格了，跨格以后我就要给他内容什么呢，呃，<u>誊誊写</u>，抄写以后再寄出去。（72岁，女性）

（2）我的生活还可以，不是很好，但是过得去啊，我是本身又是老师又是搞教育的，应当指导子女方面是，哈哈，应当，搞出<u>一些成成绩</u>来呀，可是我没有做到这一节，我感到惭愧。（71岁，男性）

（3）我觉得她这个回答，从我的观点来看，她是讲的<u>她的她她她的</u>一种表现，一种思想吧。（66岁，男性）

（4）佛罗里达州的首府叫作迈阿密，有一个迈阿密大学，噶<u>就噶就在那个学校在那个学校</u>读博士。（80岁，男性）

（5）我们两个人，是吧，噶就坐一个自行车，一个前面一个后面，请他给我们<u>载载到铜湾，铜湾</u>我们又走路到吉米。（82岁，男性）

（6）我那个儿子，去的，原来是那个<u>化学系毕业的的，化学系毕业的的</u>分在电力学校，当时电力学校是个中专，噶现在改为什么，改为什么电力技术学院啊什么玩意儿。（83岁，男性）

上述例句中划线部分都是冗余性重复，是语言的累赘，既不增加语义内容，也没有特殊的语用效果，也不传达附加信息，例（1）和（2）分别是动词"誊写"和名词"成绩"的一个构成语素"誊""成"的重复；例（3）和（4）分别是代词"她"和短语"在那个学校"的重复，二者都是在同一个小句之内的重复；例（5）和（6）是小句之间的重复，"铜湾""化学系毕业的的"是前一个小句的收尾成分，又在后一个小句的开头重复出现了，属于句际之间的重复。这三种重复既有一些共同的规律也有各自不同的特征，我们将分别讨论。

第一节　冗余性词内重复

一、冗余性词内重复的界定

冗余性词内重复指词语内部某个构成语素重复的现象。如：

（1）我以前就在这里，以前这里叫做<u>解解</u>放初叫做南昌大学。（85 岁，男性）

（2）<u>我我有有好好</u>多问题，甚至有<u>超超</u>出了在职的时候的一些思考的问题。（72 岁，男性）

上边例句中划线部分都是词语内语素重复的现象，"解放"之"解"，"超出"之"超"，这种重复不是说话者有意为之的言语策略，没有明显的语用价值，是冗余性重复，属于口语非流利现象。冗余性词内重复在老年人口语中并不少见，这和口语的即时性以及老年人语言表述能力衰退有一定关系。

本节"词内重复"的"词"除了一般典型的词之外，还包括离合词，某些结合度比较高的动补结构，成语、惯用语、歇后语等熟语，多音节的人名、地名、机构单位名等专有名称，总之，凡是那些在言语交际中经常作为一个整体来使用的语言单位都属于本文所讨论的"词"。如：

（3）这个家里的事情好难，一步走错啊，这个这个就带着很多的<u>遗遗</u>憾咯。（71 岁，男性）

（4）我俩加起来有 7000 块钱，够了，够了，现在现在<u>吃吃</u>饭

不要几多钱。（77 岁，男性）

（5）适当的，发发泄啦，还是必要的，啊，当然也不要无缘无故去暴暴跳如雷当然也不应该咯。（90 岁，男性）

（6）我五五年就考取了江西师范学院，那个时候叫江西江西师范学院，考取了这个这个大学。（79 岁，男性）

上述例句中的"遗憾""发泄"都是典型的词，"吃饭"是离合词，"暴跳如雷"是成语，"江西师范学院"是多音节专有名词，它们的内部构成成分"遗""发""吃""暴""江西"都重复出现了，这些重复都没有明显表达效果，是累赘成分，都属于冗余性词内重复。

二、冗余性词内重复的结构特征

我们穷尽性检索了 16.5 万字的老年人口语语料，共获得 436 个冗余性词内重复的例子，发现它们在结构形式上表现出一些比较明显的倾向性规律。

（一）重复位置的左边界倾向

语言具有一维的线性特征，从位置关系上看，任何语言结构都可以分析出左右两部分或左中右三部分，所以任何双音节以上的语言单位都有左边界和右边界，词也一样，词首成分就是左边界，词尾成分就是右边界。词内成分的重复，从结构上看，既可以是词首成分的重复，也可以是词尾或词中成分的重复。语料分析显示，不管是哪个成分的重复，其重复的成分一般都出现于整个词语的前边，即左边界。如：

（7）我五几年就提干，提国家干部，唉唉唉，呵呵呵，做了几年子提提拔了干部，这说明领导对我关心，照顾。（87 岁，男性）

（8）噶就考考考考出国留学，考出国留学就取取录取在那个

那个美国那个佛罗里达州。（80 岁，男性）

（9）呃，杭州呢，整个给人的感觉除了呃，自然界的风景比较美，这个<u>天苍天独赐</u>的是吧，它这个人人的气质是吧都不一样，都不一样。（81 岁，男性）

上述例句中，"提提拔"是重复词首语素"提"，"取取录取"是重复词尾语素"取"，"天苍天独赐"是重复词中语素"天"，但重复的语素都出现在整个词语的前面。我们对 436 个词内重复的例子进行位置统计发现，重复词首成分的有 418 个，重复词中成分的有 4 个，二者的重复成分都位于整个词语的前面；重复词尾成分的有 15 个，其中重复成分位于整个词语前面的有 12 个。也就是说，在所有 437 个词内重复的例子中，重复成分出现于词尾即右边界的只有 3 例，而出现于词首即左边界的有 433 例，占 99% 以上，表现出明显的左边界倾向。另一方面，发生左边界重复的词类范围更广泛，名词、动词、形容词、副词、代词、数词、连词等都出现了此种情况，如"（智）智力、（留）留校、（清）清淡、（总）总体、（我）我们、（十）十八、（如）如果"等；发生右边界重复的词类较少，只发现动词和数量词有此类重复，如"调到（到）、碰到（到）、一个（个）"。因此可以肯定地说，冗余性词内重复表现出明显的左边界倾向。

（二）重复形式的趋简性倾向

冗余性词内重复的发生具有较明显的形式趋向简单的倾向，主要体现在重复成分的音节长短和重复次数多少两方面。

第一，重复成分的音节形式上趋简。从重复成分的音节特点来看，既可以重复一个音节，也可以重复两个、三个甚至多个音节成分。如：

（10）我会认为那个<u>女女孩</u>看到我肯定会让座，为什么呢？我是和善者。（93 岁，男性）

（11）年轻一代跟<u>老年老年老年人</u>这个语言区别很大，啊，那

56

很多种年轻当中流行的语言流行的事物，老年人当中呢就不得流行了。（78岁，男性）

（12）七〇年把我们调到武汉，属于武汉部队，当时，<u>武汉司武汉司令员</u>是曾世裕。（65岁，男性）

上边例句中的重复成分"女""老年""武汉司"就分别是单音节、双音节、三音节的情况。毋庸置疑，音节越少形式越简单。老年人口语语料分析显示，重复两个音节以上的情况比较少，绝大多数都是重复一个音节。我们统计的436个词内重复的例子中，单音节重复的有403例，占总数的92.4%，由此可见，词内重复表现出很明显的音节形式趋简的倾向。

第二，重复发生的次数趋简。从重复成分的重复次数看，有重复1次的，重复2次的，还有重复多次的。如：

（13）你看人家儿孙绕膝，家里面其乐融融，我就孤零零的一个人，<u>空空巢老人</u>啦。（79岁，女性）

（14）四维不张，国乃灭亡，你四维不张，国乃灭亡，<u>古古古代</u>都是这样讲的。（男性，93岁）

（15）这个饮食起居习惯，我就是正常吧，跟我跟我<u>老老老老伴</u>两个人的事。（66岁，男性）

（16）这个也是可能也是<u>物理物理物理的物理物理系</u>的系主任，后来呢就升到了现在现在就是组织部吧，省委组织部的副部长。（81岁，男性）

上述例句中的重复成分"空""古""老""物理"分别重复了1次、2次、3次、4次，在我们的语料搜索中还发现重复8次的"这这这这这这这这样"。很明显，重复次数越少其重复后的形式就越简单。我们统计了436例词内重复，其中重复1次的有392个，占90%，重复2次的有36个，重复3次以上的只有8个，二者合占10%，据此可以看出，冗余性词内重复表现出明显的重复形式趋简的倾向。

（三）重复结构的自足性倾向

当三音节以上的词语发生冗余性词内重复时，其重复的成分一般都是一个能自足的语法单位，符合汉语的基本韵律结构规律，但也有少数重复的部分不能成为一个自足的语法单位，在语感上也不符合汉语的韵律规则。如：

（17）后来他到北京去，到北京有些杂志报纸啊去应聘，就这样应聘呢，后来呢到<u>时尚时尚</u>男人装。（69 岁，女性）

（18）就是顾客满意啊这个，就是她她不会，<u>炒鱿炒鱿鱼</u>回来，唉炒鱿回来，噶后来搞过几次短暂的就业，唉。（男性，71 岁）

（19）比如说，我这样通过，本来我三秒钟可以通过吧，你这个又<u>撞出撞出</u>来一辆车，我要等你吧。（67 岁，男性）

上边例（17）的重复成分"时尚"是一个能自足的语法结构，大多数词内重复都属于这种情况，如"（学术）学术界、（计算）计算机、（老年）老年人、（广电）广电厅、（物理）物理系、（前半）前半部、（南昌）南昌市、（名胜）名胜大川、（百货）百货大楼、（江西）江西师范、（深圳）深圳大学、（南昌）南昌大学、（人民）人民公社、（华东）华东师范大学、（广州）广州师范学院、（会计）会计公司、（长寿）长寿之道、（尊老）尊老爱幼、（不成）不成系统"等，其重复成分都能自足。例（18）的"炒鱿鱼"是动词性成分"炒"加名词性成分"鱿鱼"构成的动宾结构，在韵律上是"一二"音节结构，但其重复的成分并不是能独立的动词性成分"炒"，而是把宾语"鱿鱼"分开了，重复成分"炒鱿"并不是一个独立完整能自足的语法结构；例（19）情况类似，"撞出来"是"一二"韵律特征的动补结构，但其重复形式不符合动补结构内在的语法和韵律特征。当然这种重复非自足结构的情况比较少见，我们在老年人口语语料中共发现 94 例三音节以上的冗余性词内重复的情况，其中只有 7 个例子的重复成分是非自足结构，只占不到 7.5% 的比率，而重复成分是自足结构的占 92.5%，据此可以判断，冗余性词内重复的重复成分表现出明显的语法自足性倾向。

（四）重复词语的实词性倾向

发生冗余性词内重复的词语既有实词也有虚词，大致包括名词、动词、形容词、代词、数词、副词、连词这七类。简要列举如下：

第一类，名词。如：（中）中国、（女）女排、（杂）杂志、（后）后辈、（词）词典、（成）成绩、（难）难度、（老）老师傅、（班）班主任、（方）方向盘、（刘）刘再复。

第二类，动词。如：（留）留下、（厌）厌学、（考）考虑、（回）回来、（反）反对、（疏）疏散、（躲）躲避、（登）登记、（思）思考、（历）历练、（管）管理、（留）留校。

第三类，形容词。如：（清）清淡、（轻）轻松、（严）严格、（清）清醒、（高）高兴。

第四类，代词。如：（我）我们、（怎）怎样、（自）自己、（为）为什么、（那）那样。

第五类，数词。如：（十）十八、（几）几十、（三）三百、（二）二三十。

第六类，副词。如：（总）总体、（反）反而、（这）这么、（已）已经、（大）大概。

第七类，连词。如：（如）如果、（因）因为。

上边都是老年人口语中发生冗余性词内重复的词语。尽管名、动、形、代、数、副、连这七类词都出现了冗余性词内重复，但在 436 个冗余性词内重复的例子中，不同词类出现词内重复的比率有明显差别，具体数据如下：

表 3 - 1 - 1

词类	名词	动词	代词	数词	形容词	副词	连词
重复词次	158	118	89	34	21	14	2
所占比率	36.2%	27.1%	20.4%	7.8%	4.8%	3.2%	0.5%
	96.3%					3.7%	

表 3 - 1 - 1 统计数据显示，名词、动词、代词是冗余性词内重复的相对高发词类，数词和形容词次之，而副词和连词的比率最小，因此可以说冗余性词内重复表现出明显的实词性倾向。

三、冗余性词内重复的生成原因

冗余性词内重复现象的生成原因非常复杂，与大脑提取词汇的心理机制有密切关系。我们认为，有些词内重复是大脑提取词汇困难造成的，有些则是一种类似于口吃的表达习惯。

（一）词汇提取困难

大脑在话语生成的演算过程中，不是一个字一个字地提取，而是把一些最基本的单位作为一个整体来提取。陆丙甫（1985）认为，根据流程切分法所得到的多项式中的每个项目就是话语的"板块"，这是一种相对刚性体，在相对一定的语境中，它们在语序调动中是作为一个整体单位出现的，某些语素必须排列在一起，不能拆开来，有些词也必须在一起出现，不能拆开来，在语言结构中它们可以看作一个复合单位去处理。所以"板块"就是在话语结构中那些不同性质、不同等级，但在某一具体环境下却表现出相同整体性的单位。一般来说，词和固定短语是话语结构的基本板块，有时一些自由短语在一定的语境中也可能成为基本板块。这些"板块"是存储在大脑词库中的基本单位，具有一定的凝固性和稳定性，在话语生成过程中，一般不需要临时进行语法的排列组合，而是作为一个整体直接提取出来。所以在口语交际中，一些基本的词和固定短语一般都会作为整体很顺畅地提取出来，比如，"可爱的中国"中的"中国"就是一个板块，说话过程中，"中国"中间一般不会出现停顿、隔断、重复等非流利现象。然而，冗余性词内重复则打破了板块的凝固稳定性，这是因为大脑在提取词汇过程中出现了障碍。

据心理语言学的研究，人脑中应该有一个心理词库，在言语交际中，人们一般可以自由地提取词库中的词。但进入老年之后，大脑开始老化，其某些机能开始衰退，大脑词库中的词汇会慢慢地被遗忘，在言语交际中词汇提取的效率会越来越低，提取速度会越来越慢，还常常出现话到嘴边而又说不出来的现象。如果某个词说了一部分就卡壳想不起另一部分，经过大脑一番搜索之后才找到该词的剩余部分，这就可能产生冗余性词内重复。陈建民（1984）认为，有的重复啰唆是思维出现障碍时的填空……利用重复填补一时接不上话来的空档。梁丹丹（2012）认为，人们存在词语提取困难或对一个词记忆不够清晰的情况时，就会重复这个词前面的那个词或者这个词的前一部分来获取思考的时间。词汇提取困难是老年人口语表述中的常见现象，词内重复恰是这种词汇提取困难的一种表现形式。如：

（20）第一件事情，首长的秘书填户口，户主就是首长，<u>谭::谭政</u>，总政主任，第二个是他的秘书姓秦，第三个是他的警卫员。（78 岁，男性）

（21）过去呃，南昌呃，这个都这个这个休闲的地方都<u>落森森</u>，休闲的地方相当少，所以好多人到南昌，他说南昌没有什么玩的。（80 岁，男性）

上边两例都是冗余性词内重复，体现了老年人词汇提取困难的过程，例（20）说话人想说的是人名"谭政"，但说出姓后一时想不起后边的名，停顿了一下就想起来了，然后说出整个人名"谭政"，从而造成姓的重复出现，产生冗余性词内重复。例（21）说话人想用一个词"郁落森森"，但刚说出"郁"之后就想不起后边的成分了，不由自主地说出了填塞性成分"这个这个"和解释性成分"休闲的地方"，最后才想起"郁落森森"。

上边例（20）、（21）两例都是先提取出目标词的词首语素，除此之外，有时也可能先提取目标词的词尾或词中语素，再想起整个目标词。如：

（22）她首先给我按摩，给爸爸按摩，给妈妈按摩，哎，哎呀那老太婆讲，是这样的呀，拉下<u>经什么经膀胱经</u>，拉下全身发麻，哎呀！（71 岁，男性）

（23）这个省图书馆，我就非常满意，现在它要搬到那个什么红谷滩还要过去呀，叫作<u>什么什么龙九龙滩</u>那什么东西。（90 岁，男性）

例（22）说话人大脑中应该有膀胱经的具体形象，但"膀胱"这个构词成素一时想不起来，所以就先说出了最熟悉的那个语素"经"，然后自问自答地说"什么经"，最后找到目标词"膀胱经"；例（23）说话人一时想不起目标词"九龙滩"，但记得语素"龙"，于是就先说出了"龙"，再说出目标词，该词前边的填塞性成分"什么什么"正体现了说话人提取目标词语困难的过程。

前边的统计显示，词内重复表现出明显的左边界倾向，即以词首成分重复为主，即使是词尾或词中成分重复，其重复的成分都出现在目标词的前边，这恰恰体现了说话人提取目标词语困难的特征。口语具有即时性，人们在进行日常口语交际时一般都不会先打腹稿，不需要把想说的话全部想好再说，而是边想边说，所以经常会出现说了前边忘了后边的情况。如果某个目标词语提取困难，往往就会先说出最熟悉、最容易提取的那个成分，所以这个成分最容易发生重复。词首成分是最容易回忆起来的成分，这和大脑的记忆机制有关系。艾奇森（Aitchinson）认为，大脑对词的记忆具有"澡盆效应"（bathtub effect），就是词的前面和后面部分最容易记忆，就像一个人躺在澡盆里会露出头和脚一样。（桂诗春，2000）安德森（Anderson）的实验证明，人们在记忆线性排列时，具有两种重要的效应：向前靠（front anchoring）效应和向后靠（end anchoring）效应，而后者没有前者明显。（桂诗春，1991）总之，我们认为一部分冗余性词内重复的生成是即时口语中词汇提取困难造成的。

（二）口吃式的表达习惯

有的冗余性词内重复从语境来看，不太可能是由于词汇提取困难造成，很可能是老年人无法自控的一种表达习惯，类似于口吃。陈建民（1984）认为这是说话结结巴巴的表现。如：

（24）现在一个，现在搞也是应试教育，他的这个读书任务比较重，课程课程很重，他的包包啊比比我们过去上学重得多，是吧，这个这个情况现在是普遍性的情情况，是吧，唉。（80岁，男性）

（25）问：您饮食有什么习惯？

答：没什么什什什么习惯。这个一般的吃些什么。因为我这里有有一个亲戚，他天天晚上要来看我一下，没有事情都要来看一下。（89岁，男性）

例（24）中"情况"的"情"重复不太可能是因为"况"这个语素提取有困难，因为"情况"是一个常用词，在口语中出现频率非常高，另外，同一句话中前边已经使用了"情况"，所以这种词内重复不太可能是词汇提取困难造成的。例（25）中"什么"更不可能是提取困难，因为是先说了"什么"，再出现词内重复的情况。我们调查语料发现，发生冗余性词内重复的词大多是一些日常表达中很常见的词，比如，"因为、如果、已经、这么、我们、自己、高兴、先进、学习、吃饭、中国、工作、情况、办法、道德、今天、语文、初中、生命、学校"等，很明显这些词不太可能出现提取困难的情况，因为这些词在老年人（退休教授）口语中应该出现频率很高。

因此我们认为，老年人口语中冗余性词内重复不全是因为提取困难，有的是已经成为一种表达习惯，类似于口吃，学界已有的研究也支持我们的观点。首先，冗余性词内重复的左边界特征与口吃的"起始效应"相吻合。口吃的起始效应即首音难发，也就是说，句子起始位置最容易发生口吃。斯宾塞·布朗（Spencer Brown，1938）研究了32位成人口吃受试者之后发现，不顺畅（disfluencies）的词发生在句首第一个词为最多。夸灵顿（Quarrington，1965）研究了27位成人口吃者发现，句子前部的词比后部的词更容易发生不顺畅现象。可见，口吃易发生于句首，而冗余性词内重复也易发生于词首，二者有神合之处。其次，冗余性词内重复的易发生词类与口吃的易发生词类也有趋同性。研究表明，成人口吃多发生于实词，布朗（Brown，1945）的研究发现，不顺畅最常发生的是实词，如名词、动词、形容词和副词；杨淑兰（2001）的研究也显示，汉语口吃者不顺畅易发于实词，如动词、代词等。这些结论和我们调查的冗余性词内重复易发于名词、动词、代词等有明显的趋同性。正是基于以上两点认识，所以我们认为，老年人口语中很多冗余性词内重复是一种口吃式的表达习惯。至于这种习惯是怎么形成的，还有待深入研究，或许词汇提取困难恰是口吃式表达习惯形成的深层次原因。

四、冗余性词内重复的年龄关联度

冗余性词内重复在书面语中一般不会出现，但在口语中比较常见，年轻人和老年人口语中都会出现，相对来说，老年人口语中出现的频率更高。我们通过比较不同年龄段老年人口语中出现冗余性词内重复的频率差异，以分析口语非流利现象与年龄的关联度，并进一步探究人的衰老与语言流利表述能力之间的关系。

前文已述，我们的研究对象都是江西师范大学的退休教授或副教授，这个群体成员的工作、生活、人生经历、话语体系大致类似，具有相对的同质性，这样能尽可能避免其他非年龄因素所造成的数据差异。我们以5岁为一个年龄段把研究对象分成5组：老年一组（65~69岁），老年二组（70~74岁），老年三组（75~79岁），老年四组（80~84岁），老年五组（85~89岁）。每一个年龄组包含10位受试老人，为排除性别因素的干扰，只选择男性作为受试。另外还设置了一个参照组，都是40来岁的中年大学教师，也选择10位调查对象，全是男性。很明显所有调查对象都属于高级知识分子，都是男性，其工作、生活基本上都在大学校园，有相对较多的社会共性和大致相似的话语特征。

我们以五个相同的话题对所有60位受试进行面对面访谈，从每位受试的口语材料中提取前面连续2000字的语料作为分析对象，每一受试组的语料总数就是20000字，然后统计每一年龄组出现冗余性词内重复的频次。下边是具体的统计数据：

表 3 - 1 - 2

	中年组	老年组				
	35~45 岁	65~69 岁	70~74 岁	75~79 岁	80~84 岁	85~89 岁
频次	29 次	29 次	65 次	47 次	45 次	68 次
平均频次	29 次	50.8 次				

上边表 3 - 1 - 2 的调查数据清楚地显示了冗余性词内重复的出现频次与年龄的关联度，从中可以窥测老年人口语流利表述能力与老龄化之间的联系。话语中出现冗余性词内重复的频次越高，其话语就越不流

利。从调查数据大致可以得出如下四点基本规律：

第一，整体上老年人出现冗余性词内重复的频次明显高于中年人，因此可以得出一个基本结论，老年人口语的流利度整体上低于中年人。

第二，就老年五个组来看，整体趋势是年龄越大出现冗余性词内重复的频次就越高，据此判断，随着衰老程度增加，语言流利度有所下降。

第三，65～69 岁的低龄老人和 35～45 岁的中年人出现冗余性词内重复的频次差不多，这意味着 60 多岁的老年人其语言流利度并没有明显下降。

第四，70～74 岁的老年人出现冗余性词内重复的频次要大大高于 65～69 岁的老年人，据此我们判断 70～74 岁是语言流利度下降的一个重要的转折时期。国外学者研究也有过类似结论，阙泊尔等人（Kemper, Thompson and Marquis, 2001）进行了一项对老年志愿者写作的纵向研究，发现到了 70 多岁以后，老年人在语法的复杂性和命题内容方面存在着明显的老化衰退现象。

总之，冗余性词内重复是一种口语非流利现象，其产生原因一方面是大脑提取词汇困难，另一方面则是一种口吃式的表达习惯。调查数据显示，冗余性词内重复的出现频次和人的衰老具有一定的相关性，基本趋势是年龄越大，出现频次越高，其中 70～74 岁这个年龄段尤其提高明显，据此可以认为，随着人的衰老，口语流利表述的能力在缓慢下降，其中 70～74 岁是下降的一个重要拐点。

第二节　冗余性词语重复

一、冗余性词语重复的界定

冗余性词语重复指口语中非语用性的词语重复现象，这些重复并不是说话人故意为之的言语策略，而往往是一种无意识甚至是不能自控的言语行为，这些重复不仅没有任何语用价值，而且徒使话语结构变得臃肿，它们是语言中的累赘成分。如：

（1）我一直是一个人生活，从来没有想到有另外一个人一起生活，根本就没没有没有这个想法。（89岁，男性）

（2）要选什么菜什东西，脑子要考虑考虑，是吧？要考虑，一下子，不容易得老年痴呆，老年痴呆，一回来啊，还要弄，考虑怎么弄。（85岁，男性）

（3）我负责一个那个女的什么突击队的，这，队长咯，是吧，队长是这个那个时候上上工啊这些，都是要要要要要要陪得去上哦，是吧。（85岁，女性）

（4）我们我们我们，你看都不知道演了多少戏。我们我们那个我们师大不是有有学生艺术团知道不咯？（82岁，女性）

上述例句中的划线部分"没有没有""老年痴呆，老年痴呆""要要要要要""我们我们我们""有有"都是冗余性词语重复，这些重复成分不仅没有任何特定的表达效果，而且影响了话语的流畅性，属于口语非流利现象。冗余不同于羡余，羡余现象往往在语义上看似多余，但在语用上却有独特的交际价值，或者为突出强调，或者为调节韵律，或者为增加明晰度，或者为传达情感态度，如"亲眼目睹、胜利凯旋"等，因此语言羡余不同于啰唆累赘。而冗余是在语义和语用上都无任何交际价值的成分，是真正的多余成分，是话语中的累赘。

二、冗余性重复词语的性质分析

从冗余性重复成分本身的性质来看，主要包括词、短语和非自足结构三种类型。如：

（5）她她是离休干部，她是杭州杭州一解放，就是四九年一九四九年五月三号解放，她那是八月份参加工作。（81 岁，男性）

（6）那么第二个儿子第二个儿子，是在，新华书店一个门市部当经理。（81 岁，男性）

（7）就是说那个没给一个没给一个老人家让座位，然后他就那个老人家就打了打了人家。（87 岁，女性）

上述例（5）是词"她""杭州"的重复，例（6）是短语"第二个儿子"的重复，（7）是非自足性语法结构的重复，"没给一个"是非自足性语法结构，这个结构的两个组成部分不是直接组合的，其直接组成成分应该是"没给"和"一个老人家"。

这三种冗余性重复出现的比率并不一样，词的重复占绝大多数，非自足结构重复数量较少，短语重复介于二者之间。我们分析统计了 80 岁以上共 19 位老人近 20 万字的口语语料，共得到 1633 例冗余性词语重复现象，其中词的重复有 1198 次，占比 73%；短语的重复有 387 次，占比 24%；非自足结构的重复有 48 次，只占比 3%。

（一）词的冗余性重复

从语料分析来看，冗余性重复涉及绝大多数词类，但各类词出现的概率不一样，其中以动词、副词、代词、名词为主，另外介词、形容词、连词、数词、结构助词也有冗余性重复现象。

1. 动词的冗余性重复

动词是说话中出现频率比较高的一类词，其出现冗余性重复的概率也很高，在我们分析的 1633 例冗余性词语重复现象中，动词重复的有 402 词次，占比 25%。动词冗余性重复的情况既包括单音节动词的重复，如"你就<u>到到到</u>中文系去""<u>坐坐坐坐</u>那边"；也包括双音节动词的重复，如"把我<u>分到分到</u>河北""<u>补贴补贴</u>给儿媳妇"；有时动词重复还带上一些后附的成分，如"向东<u>延伸到延伸到</u>瑶湖""<u>工作了工作了</u>两年"。

2. 副词的冗余性重复

副词在老年人口语中出现冗余性重复的比率也非常高，在 1633 例冗余性重复中副词共重复 278 词次，占比 17%。重复的副词几乎涉及副词的各个次类，其中程度副词、时间频率副词、肯定否定副词、范围副词发生冗余性重复最常见。如"遵守这个交通规则啊<u>很很很</u>有必要""<u>好好好</u>大年纪才去读读书啊""<u>特别特别</u>是对这个素质要从小抓起""<u>比较比较</u>高"，这是程度副词"很、好、特别、比较"的冗余性重复；"<u>才才才才才</u>这个这个有有红灯""<u>还还</u>早的时候""<u>也也也</u>紧跟中央""我们都是等一等，<u>再再</u>过马路""这个学校<u>又又</u>太小了"，这是时间和频率副词"才、还、也、再、又"的冗余性重复；"<u>的确的确</u>这个这个下面好一<u>些</u>""<u>不不</u>晓得几高兴""为什么<u>没有没有</u>抓他呢"，这是肯定和否定副词"的确、不、没有"的冗余性重复；"他们<u>都都都</u>搞他们自己的事业去了""在这里呢，<u>只只</u>拿到五千多块钱""<u>总的总的</u>来看"，这是范围副词"都、只、总"的冗余性重复。

3. 代词的冗余性重复

代词在老年人口语中出现冗余性重复的比率也算比较多，在 1633 例冗余性重复中代词共重复 254 词次，占比 16%。代词冗余性重复以人称代词为主，我们语料中三类人称都出现了冗余性重复的情况，单数和复数都有，如"<u>我我</u>三个孩子""<u>你你你</u>那个是老家""<u>他他</u>跟我讲""<u>我们我们</u>搞得很红火""<u>你们你们</u>没有时间去接触这些东西""<u>他们他们</u>在上海嘛都是"。疑问代词和指示代词也都有冗余性重复，如"不晓得<u>怎么怎么</u>对付""没<u>什么什么什么</u>习惯""国家贷贷百分之<u>多少多少</u>反正""<u>为什么为什么</u>入党这么晚""<u>这里这里</u>的环境还不错""<u>这种这种</u>情况也也不好""<u>就就就</u><u>这这这</u>脾气各方面讲"。

4. 名词的冗余性重复

名词在老年人口语中出现冗余性重复的比率也不算少，在 1633 例冗余性重复中名词共重复 140 词次，占比 9%。既有表示人和事物名称的普通名词，如"<u>女孩女孩</u>没让座""到了<u>学校学校</u>的时候""对<u>荣誉荣誉</u>这方面""平时的<u>生活生活</u>还比较好""有什么<u>理由理由</u>呢"；也有表示机构或单位的专有名词，如"她原来在<u>北京北京</u>交大""<u>宜春宜春</u><u>宜春</u>农专的校长""他是<u>民盟民盟</u>的副主委""<u>地区地区</u>不让走"；还有时间名词，如"<u>每天每天</u>跳两个小时""<u>开头开头开头</u>讲不太习惯""我是<u>五八年五八年</u>北师大毕业的""军事政权<u>以后以后</u>"等。

5. 介词、形容词、连词、数词、结构助词的冗余性重复

除了动词、副词、代词、名词这四大重复频率较高的词类之外，介词、形容词、连词、数词也有少量冗余性重复的现象，甚至连结构助词"的"也有出现冗余性重复的情况。这几类词重复的数量不是太多，总共只有 46 例，占 1633 例的 3%。介词的重复，如"<u>跟跟</u>这个山西比""<u>在在在</u>江西工作""我<u>连连</u>这个大小这个大便我都是有规律"；形容词的重复，如"<u>容易容易</u>出车祸""听不太<u>清楚清楚</u>""江西也<u>封闭封闭</u>""<u>旧旧旧</u>学校""比较<u>落后落后</u>一些"；连词的重复，如"<u>因为因为</u>我不太外出""<u>但是但是</u>他们<u>不在不在</u>江西""<u>所以所以</u>宜春大学是我记忆的一个重点""<u>如果如果</u>全国讲起来"；数词的重复，如"<u>一千一千</u>多册""<u>八十八十</u>岁""<u>五五</u>万多""<u>一一一</u>条泥巴马路""有<u>七七</u>兄弟姐妹"；结构助词"的"重复，如"我一生<u>的的</u>情况了差不多耽误

了20年""撇开头看别的的装装自己看不见""我是注意分析<u>的的</u>"
"我化学系毕业<u>的的</u>"。

（二）短语的冗余性重复

短语的冗余性重复在老年人口语中数量并不少见，占我们所有语例的24%。一些常见的短语类型都出现了冗余性重复的情况，其中尤以偏正短语最多，其次动宾短语、主谓短语、动补短语、介宾短语、数量短语、联合短语、同位短语等也都出现了冗余性重复的例证。

1. 偏正短语的冗余性重复

偏正短语的冗余性重复在所有短语重复中占比最高，共发现175次，占所有冗余性重复的11%，既有定中短语的冗余性重复，如"还有六部他的书<u>六部他的书</u>""三个省市<u>三个省市</u>啊图工委""江西省<u>干部医疗保健证干部医疗保健证</u>""热的时候<u>热的时候</u>很热"，也有状中短语的冗余性重复，如"我<u>非常反感的非常反感的</u>""她在图书馆工作<u>在图书馆工作</u>""我<u>不太出去不太出去</u>""我当时<u>很不舒服很不舒服</u>"。

2. 动宾短语和主谓短语的冗余性重复

动宾短语冗余性重复也比较多，共77例，占所有冗余性重复的5%，如"广播说要<u>打倒什么打倒什么</u>""主要<u>做家务事了做家务事了</u>""我<u>生过好多病生过好多病</u>"。主谓短语的冗余性重复共找到45例，将近3%，如"还是<u>还是</u>要<u>他当他当他当</u>这个校长""<u>你自豪你自豪</u>什么"。

3. 动补短语、介宾短语及其他短语的冗余性重复

动补短语的冗余性重复不是太多，总共18例，占1%，如"女儿<u>住得比较远住得比较远</u>""日本鬼子<u>搞得惨搞得惨</u>""这个已经<u>开发尽了开发尽了</u>"。介宾短语的冗余性重复共17例，占1%，如"<u>在北京在北京</u>工作""日本鬼子<u>对我们的对我们</u>占的时候""<u>在华东交大在华东交大</u>做老师""<u>跟他们跟着他们</u>学一点"。其他还有诸如数量短语、联

合短语、同位短语的冗余性重复，合计 55 例，超过 3%，如 "<u>一个一</u><u>个一个</u>好大的一个风景" "<u>一本一本</u>书啊" "工资<u>调来调去调来调去</u>" "在学校建设当中呢<u>添砖加瓦添砖加瓦</u>" "<u>他本人他本人</u>有三个小孩" "<u>我自己我自己</u>对于对于闯红灯我就说应该遵守交通规则"。

（三）非自足结构的冗余性重复

语法结构根据加上句末语气语调能否构成一个自足完整的小句一般可以分成自足结构和非自足结构。自足结构加上句末语气语调常可单独成句，如 "唱歌跳舞" "在田径场" 等；非自足结构即使加上句末语气语调一般也难以成为自足的小句，难以独自承担交际任务，如 "我都" "我们以前" "一个和" 等。很多非自足结构的两个成分一般不是直接组成成分，也就是说这两个成分没办法直接组合在一起的。在说话过程中，说话人重复的一般都是一些自足性的结构，或者是某个词，或者是某个自足性的短语，但我们在老年人口语中也确实发现了少量非自足性结构重复的情况，当然数量不多，总共只有 48 例，仅占所有冗余性重复的 3%。现列举数例如下：

（8）<u>我好我好</u>伤心那；<u>他又他又</u>起来；<u>我也我也</u>不真愁；<u>谁不谁不</u>热爱；<u>我还我还</u>打了工；<u>这个马路边上都这个路边上都</u>停满了车；

（9）<u>我在我在</u>中山工作；<u>一个在一个在</u>上海复旦大学；

（10）<u>没给一个没给一个</u>老人家让座；<u>有一有一</u>根针的；<u>要一股要一股</u>干劲；<u>也是我也是我</u>带的一个带的一个学生；<u>跟一个跟一个跟一个</u>城市里面的素质；

（11）有的<u>调到湖南调到湖南</u>师大走了。

上例中划线部分重复的例子也许单独拿出来有些可能是自足结构，但在这个语境中却是非自足结构。这些非自足结构的表现形式种类很多，例（8）是 "主语 + 副词"，在主谓结构中间的副词应该是先和后面的谓词组合，再和前面的主语组合，但这里说话人把主语和副词组合在一起并重复了；例（9）是"主语＋介词"，在主谓结构中间如果出现了介宾短语，那么介词应该先和其后的宾语组合，再和谓词组合，最后和主语组合，但此处主语和介词直接组合在一起重复；例（10）是"动词＋数量词"，"数量名"的语法结合度很紧，一般都是作为一个整体与别的成分组合，但上例中的"数量"和"名"分开了，都是"数量"和前边的"动"组合并重复；例（11）是偏正短语的割裂，上例本应该是"湖南师大"整体作为"调到"的宾语，但说话人把"湖南师大"割裂开来，让"调到湖南"组合并重复了。很明显，上例中所有的重复成分都是非自足结构。

三、冗余性词语重复的基本特征

（一）重复成分的左边界倾向明显

从结构上看，冗余性重复成分不管是词、短语还是非自足结构，都与另外一个语法结构组合成一个更大的结构，从而形成一个更高层级的上位短语，这些上位短语从性质上看也基本上囊括了偏正、动宾、主谓、动补等主要短语类型。从冗余性重复成分出现在上位结构的位置看，可以出现在前边也可以出现在后边。

1. 冗余性重复成分出现在上位结构的前边

第一，主谓短语的主语，如"我我是福建的""这一点这一点要突出来""儿媳妇也儿媳妇也是老师"；

第二，定中短语的定语，如"高一高一第一学期""生产力的生产力的发展水平""一个行政一个行政干部"；

第三，状中短语的状语，如"慢慢慢慢发现""刚才刚才我们讲"；

第四，动宾短语的动语，如"挑选挑选了十大景点""买买买私家

车";

第五，动补短语的中心语，如"走走了一圈""抓得抓得不紧"；

第六，介宾短语的介词，如"跟跟我们打基础""对对南昌的印象"。

2. 冗余性重复成分出现在上位结构的后边

第一，主谓短语的谓语，如"我随时来往随时来往""我当时搞翻译搞翻译"；

第二，定中短语的中心语，如"念大学的那几年那几年那几年""卖掉了以后以后"；

第三，状中短语的中心语，如"很深深""跟他们一起吃吃"；

第四，动宾短语的宾语，如"大概讲是世界第一世界第一""她在软银公司软银公司"；

第五，动补短语的补语，如"听不太清楚清楚""搞得很红火很红火"；

第六，介宾短语的宾语，如"领导干部都在上面上面开校运会"。

上边的分析显示，从位置来看，冗余性重复成分既可以出现在上位语法结构的前部，也可以出现在上位语法结构的后部。也就是说，既可以是上位语法结构的左边界重复，也可以是右边界重复。那么这个位置是不是很随意的呢？有没有一定的倾向性规律呢？为此我们对所搜集到的1633例冗余性词语重复进行位置统计，发现有1398例重复成分出现在上位语法结构的前部，其比率达到了86%，而重复成分出现在上位结构后部的只有235例，只占24%。进一步对235例重复成分出现在上位结构后部的情况进行性质分析。首先可以把它们分成两类，主谓结构和非主谓结构，二者的性质有本质的差别，因为主谓结构很难判断是不是真正意义的后部冗余性重复现象。如：

（12）他六个人硕士毕业以后一起读了博士，一起读博士。

（80 岁，男性）

（13）我大概大概从<u>五三年参加工作</u>，<u>五三年参加工作</u>，那个，在我们老家做小学教师。（83 岁，男性）

（14）他那个思维方法，<u>思维方法</u>对处理各种事情有帮助。（80 岁，男性）

（15）噶当时我一个人在北京，<u>北京</u>，很艰苦，但是我都坚持了。（83 岁，男性）

（16）我耳朵耳不行，其实听听不太清楚，<u>清楚</u>，不过现在有个特点咧，人都还是在这个耳朵走。（85 岁，男性）

上边例子中，例（12）（13）重复成分所构成的上位短语都是主谓短语，且重复成分都是在主谓短语的后部，其重复部分尽管形式上是主谓短语的谓语，但也可以理解成一个独立的小句，带有一定的强调意味，也就是说很难确定这些重复成分是否真正是没有任何表达价值的冗余性成分。而例（14）至（16）的情况则完全不同，冗余性重复所构成的上位短语分别是定中短语、动宾短语、动补短语，重复成分都处于其上位短语的后部，很明显这些例子中的重复成分都是冗余性成分，没有任何表达效果。

由此可见，严格意义的冗余性重复成分位置统计应该尽力避免把主谓结构纳入考察范围。在 235 个重复成分出现在其上位结构后部的例子中，主谓结构共有 129 个，非主谓结构只有 106 个，如果排除主谓结构的例子，那么确定无疑的冗余性重复的总例句是 1504 个，其中在上位短语中属于后部重复的例子只有 106 个，只占 7%，也就是说，前部重复高达 93%，至此我们可以非常肯定地说冗余性词语重复表现出明显的左边界重复的倾向性规律。

（二）重复结构的形式趋简特征

发生冗余性重复的结构在形式上可以是复杂形式，也可以是简单形式，但从出现频率上看，主要以简单形式为主，重复结构的形式复杂度与其发生概率成反比关系，具体体现在三个方面：

1. 词比短语更容易发生冗余性重复

上文统计数据显示，在 1633 个冗余性词语重复的例子中，词的重复占 73%，短语的重复占 24%，非自足结构的重复只占 3%，可见词的重复占绝对优势。从语言单位的形式复杂程度来说，一般情况下词在形式上比短语和非自足结构都要简单，在口语中大多数词都是单音节或双音节，而短语和非自足结构至少得有两个音节，更多的是多个音节。而且词是语言结构的备用单位，往往是作为整体存储在人的大脑中，需要时可以随时提取出来，不需要进行任何的语法组合，换句话说，词是大脑词库中的一个最简单的语言单位，提取出来很快；自由短语和非自足结构都是临时组装起来的使用单位，大脑词库中一般不会存储这些单位，但可以根据需要随时组装起来使用，正因为它需要临时组装，所以是大脑词库中的一个相对复杂的单位，提取出来需要更多的时间。可见，最容易发生冗余性重复的往往是一些比较简单的语言形式。

2. 重复成分音节多少与重复比率成反比

冗余性重复成分从音节长度来看，有单音节的，双音节的，三音节的，四音节的，甚至最长达到十个音节的情况。下边例句中重复成分的音节长度分别为五音节、六音节、七音节、十音节。

（17）有一个汽车是从这个八一广场开到这个，这个，谢家村，唉就是就是这样，就是这一段，就是这一段有车，就是我们这一路。（82 岁，男性）

（18）我来南昌的时候，来南昌的时候乱七八糟的，八一广场是一个臭水沟，哎哟，真是变化大。（83 岁，男性）

（19）我们这个院子里面过去都那个那个下大雨涨了好多积水，呃，所以现在呢，也是一个难办的问题，一个难办的问题。

（83 岁，男性）

　　（20）实际上我父亲同过去的这个×××，×××是××部的
代理副部长嘛，××部代理副部长嘛，国共合作。

　　从逻辑上说，重复成分的音节长度是无法预测的，尽管我们发现的
最长的是十个音节，其实应该还可以更长，但总体来说，音节越长出现
的比率就越低。我们对 1633 例冗余性重复成分的音节长度进行详细统
计分析，发现重复成分音节多少与重复比率基本成反比关系。下边的示
意图（图 3 - 2 - 1）显示了其基本变化趋势：

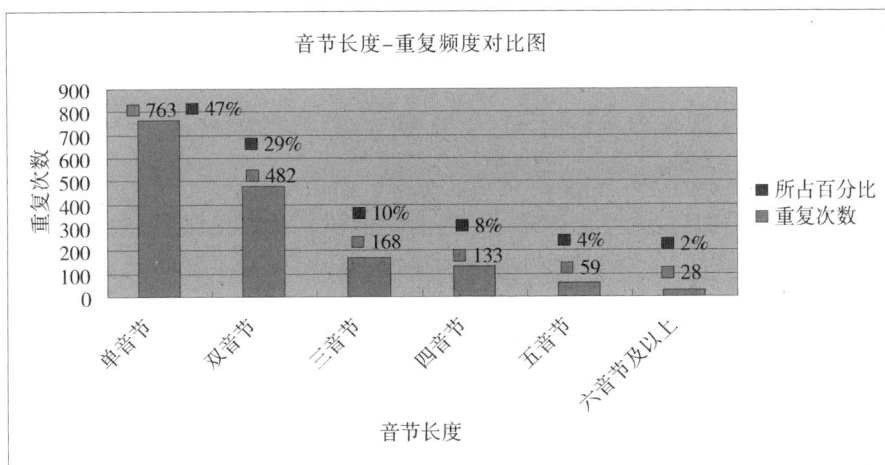

图 3 - 2 - 1

从上边图 3 - 2 - 1 可以看出，音节越多，重复的占比就越低，音节
越少，重复的占比就越高，也就是说，音节多少与重复的比率成反比关
系，而很明显，音节越少，形式就越简单，可见，形式越简单，发生冗
余性重复的比率就越高。

　　3. 重复次数与重复比率成反比

　　冗余性词语重复的次数没有严格的限制，重复 1 次很常见，但也有
重复多次的情况，下边例子分别重复了 2 次、3 次、4 次、5 次。我们

语料中发现重复最多的是 5 次。如：

（21）以前的话就是我们读大学的时候啊，就是就是就是，当时的话就是听党的，一切听党的需要分配。（83 岁，女性）

（22）后来那个那个石家庄师范学院也发展比较快，所以，到了到了到了到了六几年就改为河北师范大学。（80 岁，男性）

（23）他不愿意让座是吧，不愿意让座，你你你你你更不能以以以很不文明的行为来对付人家。（80 岁，男性）

（24）你要出个祸，碰到了你的话，你的安那个安全，你身边的孩子他们都都都要受的呃，当然人家也也也也也也有啊。（83 岁，男性）

我们对 1633 个冗余性词语重复的例子进行重复次数统计，结果如图 3 - 2 - 2 所示：

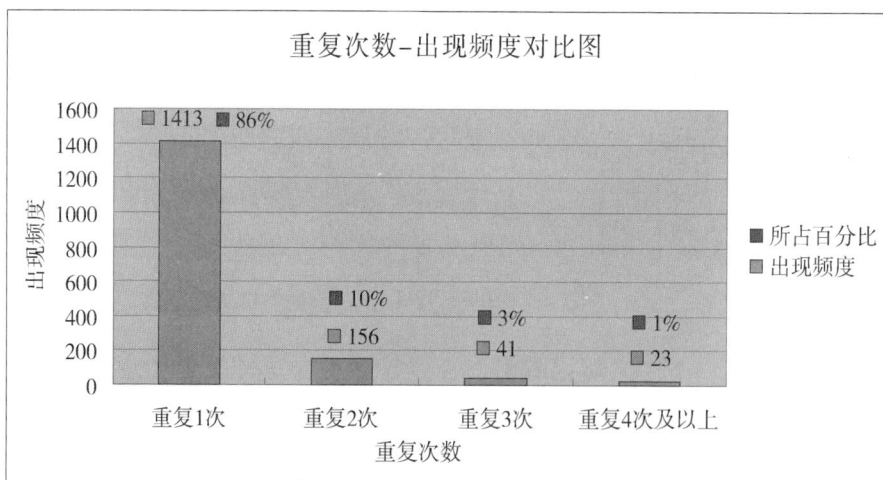

图 3 - 2 - 2

图 3 - 2 - 2 的数据对比非常明显，重复 1 次占冗余性词语重复的绝大多数，重复的次数越多，出现的比率越少，也就是说重复的次数与重

复出现的比率成反比关系。很明显，重复的次数越少，其重复后的结构就越简单，这也体现了冗余性重复的结构趋简性特征。

上边的几个统计分析显示，形式越简单，出现冗余性重复的比率就越高。为什么会这样呢？这应该与冗余性重复的性质有关系。冗余性重复是一种无特定语用目的的无意识行为，是说话人不自觉带出来的一些语言赘余成分，很多情况下说话人并没有意识到发生了这种冗余性重复现象，自然是形式越简单越容易被带出来，因为如果形式过于复杂，说话人就很容易察觉这些语言累赘现象，从而会有意识地加以控制，这就会在数量上有所减少。这恰恰和语用性的重复有明显不同，语用性重复是为了表示强调或吸引注意等，往往在形式上会复杂化，这也符合语言形式的量和所承载的信息的量成正比的认知原则。如：

> a. 我去年12月去过海南岛。
>
> b. 我去年12月去过海南岛，确实去过海南岛。
>
> c. 我去年12月去过海南岛去过海南岛。
>
> d. 我去年12月去过海南岛海南岛。
>
> e. 我去年12月去过海南岛岛。

上述例句中，a 是简单的表达；b 在重复的"去过海南岛"前加了"确实"是表示强调，形式上也复杂化了，这是语用性的重复；如果去掉"确实"，甚至去掉句中的逗号，就是 c，很可能就变成了冗余性重复了；而 d、e 更简单，很明显是冗余性重复，也更容易发生。

（三）冗余性重复的高发句法成分：谓语、状语、主语

从句法成分来看，主语、谓语、宾语、定语、状语、补语等各种句子成分都可能发生冗余性词语重复。如：

（25）我我我这个人喜欢观察。（69 岁，男性）

（26）后来广播电台来配乐，配乐啊，它呢广播了多次。（81

79

岁，男性）

（27）有一个外孙……，现在在<u>美国美国</u>。（80岁，男性）

（28）<u>这个这个</u>菜啊<u>每个每个</u>人啊每个素菜是半斤。（80岁，男性）

（29）说实在的话，比较勤快，在家里什么事<u>都会都会</u>做。（80岁，女性）

（30）我<u>耳朵耳</u>不行，其实<u>听听</u>不太<u>清楚清楚</u>。（86岁，男性）

<u>上边</u>例（25）至（30）中的划线部分都是冗余性重复，涉及了主谓宾定状补六种句法成分，但从语料实况来看，谓语、状语、主语是最容易发生冗余性重复的句法成分。我们统计的1633例冗余性重复的情况，其中属于谓语冗余性重复的有561例，属于状语冗余性重复的有430例，属于主语冗余性重复的有289例，三者合计1290例，占总数的78%。

（四）冗余性重复的高发词类：动词、副词、代词、名词

依前文分析可知，动词、副词、代词、名词、介词、形容词、连词、数词甚至结构助词等诸多词类都可以发生冗余性重复，但不同词类发生冗余性重复的频率有很明显的差别。我们统计了1198个词的冗余性重复的情况，下边是具体的统计数据：

表3-2-1

	动词	副词	代词	名词	其他词
次数	402	278	235	140	143
比率	33%	23%	20%	12%	12%

从表3-2-1的统计数据可以看出，动词、副词、代词、名词发生冗余性重复最多，四者合占所有词类的88%，其他诸如指示词、数词、结构助词、介词、连词、形容词等合占12%。这与上边统计的高发句

法成分具有一致性，冗余性重复的高发句法成分是谓语、状语、主语，汉语的词类与句法成分之间有大致的对应关系，动词主要作谓语，副词主要作状语，代词和名词主要作主语。

四、冗余性词语重复的非流利性质及年龄关联度

冗余性词语重复属于口语非流利现象，与口吃有很大的相似性。冗余性词语重复的一个重要特征是"重复的左边界倾向"，这与口吃的重要特征"起始效应"相一致。口吃者往往表现为首音难发，即句子起始位置最容易发生口吃。斯宾塞·布朗（Spencer Brown，1938）、夸灵顿（Quarrington，1965）等的研究发现，口吃者第一个词发生不顺畅的情况最多，句子前部的词比后部的词更容易发生不顺畅现象。冗余性词语重复的高发词类是动词、副词、代词、名词，这一特征也与口吃易发词类有趋同性。布朗（Brown，1945）、杨淑兰（2001）等的研究发现，口吃者发音不顺畅最常发生在实词运用上，如名词、代词、动词、形容词和副词。以此看来，冗余性词语重复是一种类似于口吃的表达习惯，属于口语非流利现象。梁丹丹（2012）把这种冗余性重复称为非流利性紧接重复，属于言语流利故障。

我们统计 5 个老年组和 1 个中年参照组口语语料中出现冗余性重复的情况，以探究冗余性重复与年龄的关联度。每组 10 人，每位受试选取 2000 字的语料，每一个年龄组选取 20000 字，然后通过人工统计其中出现冗余性词语重复的频次。下边是具体的统计数据：

表 3 - 2 - 2 的统计数据清楚地显示了冗余性词语重复的出现频率与年龄的关联度，从中可以窥测出老年人口语流利表述能力与老龄化之间的联系。基本结论如下：

表 3 - 2 - 2

年龄\频次	中年组	老年组				
	35~45 岁	65~69 岁	70~74 岁	75~79 岁	80~84 岁	85~89 岁
词重复	128 次	117 次	184 次	124 次	175 次	156 次
短语重复	44 次	53 次	64 次	69 次	73 次	97 次
总重复	172 次	170 次	248 次	193 次	248 次	253 次
平均重复	172 次	222.4 次				

第一，整体上老年人出现冗余性词语重复的频次明显高于中年人，以此看来，老年人口语的流利度要低于中年人。

第二，老年组的基本趋势是年龄越大，出现冗余性词语重复的频次就越高，由此推断，随着年龄的老化，语言的流利度有所下降。

第三，65~69 岁的老年人和 35~45 岁的年轻人出现冗余性词语重复的频次差不多，可能就意味着 70 岁之前语言的流利度并没有明显的下降。

第四，70~74 岁的老年人出现冗余性词语重复现象的频次明显要高于其前后两个年龄组，这可能就意味着 70~74 岁是语言流利度下降的一个重要的转折时期。

第三节　冗余性句际重复

一、冗余性句际重复的界定

冗余性句际重复指出现在两个相邻小句之间的没有交际价值的重复，即前一小句的句末部分重复出现，成为后一小句的开头部分，形式上类似于修辞上的顶针，但在表达上没有顶针那样的能起强调作用并能增加语势的修辞效果，相反使话语显得臃肿累赘。如：

（1）吉安就办办了一个师专，叫作叫作江西师院井冈山分院。井冈山分院大概办了 2 年吧，办了 2 年后来就批准了，中央就批准了，批准了就就正式改为吉安师专，呃，改为改为吉安师专。那时候我在吉安师专工作，工作了 2 年，工作了 2 年呢，我当时就想调动一下，想调动一下他地区不让走，地区地区不让走呃，当时当地委书记的嘞也是北京师大毕业的，后来他就动员我，他说，我们都是都是都是校友啊，呃，你不要走吧，这个，就算帮我一段。（80 岁，男性）

例（1）中有 6 处划线标记，都是发生在句际之间的重复，前一小句的末尾成了后一小句的开头。但这些重复基本都没有很明显的修辞效果，既不能增强语势，也无强调作用，有些甚至和后续句之间连明显的语义联系都没有，只能给人一种累赘之感，属于冗余性句际重复。如果把这些重复的成分删除，不但不影响语义表达和信息传递，相反会使话语更加简洁流畅。

冗余性句际重复是发生在两个小句之间的重复，但并不是两个小句之间出现的所有重复成分都是冗余性句际重复，只有当重复成分确实是后续小句的组成部分时才是句际重复。有时发生在两小句之间的重复仅仅是前一小句末尾成分的重复，可能是自言自语，也可能是有强调作用，但重复成分并不是后一小句的组成部分，此类情况则不属于冗余性句际重复。如：

（2）我们学校门前，还是一个大水塘，我们有时候晚上到这里来开会，开会我这个近视眼看着好像好亮，哈，闪光，我以为是路，噶就一走走到塘里去了，哈哈。（88 岁，女性）

（3）早晨，早晨一般不会睡懒觉，起来嘞，起来的时候约莫，

大概要到五点多钟就起来了，起来了，到外面院子里面校园里面走一下。(83 岁，女性)

　　(4) 因为我们进入社会主义过程中间以后有一个很大误区，好多人说主要矛盾是资本主义，不是的，主要矛盾封建主义，唉，主要矛盾封建主义，我们要补课，要把封建主义肃清楚，也就是说中国的发展啊没有经过文明的，欧洲的思想启蒙。(80 岁，男性)

上述例 (2) 属于冗余性句际重复，重复成分"开会"与后续小句之间没有语音停顿，在结构上就融入了后续小句。例 (3) (4) 则都不属于句际重复，因为其重复成分后出现了明显的语音停顿，在结构上与后续小句是相脱离的，例 (3) 可以理解为前一小句谓语的自言自语式的重复，例 (4) 则有一定的强调作用，更不是冗余性成分。

二、冗余性句际重复的系联方式

冗余性句际重复是由说话人的不自觉言语行为造成的。在言语表述中，有些说话人常常不自觉地用前一句话的末尾成分作为后一句话的起点，从而发生冗余性句际重复。冗余性句际重复成分是后续句的起点，在结构上已经成为后续小句的一个组成部分，但在语法上并不是后续小句的必要成分，在语义上也不增加新的内容，甚至往往和后续小句没有语义联系。重复成分在结构上能成为后续小句的组成部分是通过两种方式实现的：一是重复成分与后续小句直接相连，没有语音停顿；二是通过接续性词语把重复成分和后续小句联系起来。

(一) 零形式系联

所谓零形式系联指重复成分和后续小句之间没有任何语言形式，也没有语音停顿，二者直接相连，重复的成分从结构上看就是后续小句的直接组成部分。如：

（5）大概，大概家里就这种，这种，我的老伴嘞，在<u>教小学</u>，<u>教小学</u>我调到这里来，调到这里来，她又跟着调到这里来，在在附小当校长，当校长（80 岁，男性）

（6）这个你有海外关系啊，你有什么关系啊，唉，就来整，整得你<u>非常的难过</u>，<u>非常难过</u>没有办法，但是天天要整啊，是嘛。（82 岁，男性）

例（5）的重复成分"教小学"在语法上和语义上都与后续小句"我调到这里来"没有关系，但说话人以"教小学"作为"我调到这里来"的话语起点，二者直接相连，所以在结构上二者就成了一句话。例（6）情况一样，重复成分与后续小句中间没有任何连接成分，都是零形式。

（二）接续性词语系联

有些冗余性句际重复成分虽然在语法和语义上都和后续小句没有必然联系，但说话人使用了一些接续性词语，使重复成分在语气上成为后续小句的一个重要组成部分。此类重复成分明显就是后续小句的说话起点。如：

（7）他说省里已经做了决定啊，他说这样吧，你再干三年吧，呃，要我再干三年，噶我好只好再坚<u>再干了三年</u>，<u>干了三年</u>呢，我也，呃，不太愿意搞行政，不愿意再搞下去，呃，我又向上面打报告。（80 岁，男性）

例句中重复成分"再干了三年"与后续小句之间尽管有语音停顿，但是接续助词"呢"的出现却使其与后边小句联系起来了，成为后续小句的一部分。屈承熹（2005）将"呢"称为"接续虚词"（continuative particle），是由于它表示目前的谈话内容是接着先前的交谈而来，或者是接着交谈着彼此之间的某种共识而来的。也就是说，接续助词"呢"把其前后成分紧紧地联系在一起了，从某种意义上说，"呢"前的成分只是一个引子，是后续小句的起点，目的是引出后续小句。

这些起系联作用的词语有多种类型，最常见的包括接续性助词、接续性话语标记、表时间接续的名词等。其中最常见的是接续助词，以"呢"为典型代表，另外"呃""嘛""嘞""啊"也有系联作用。这些系联词语后面一般都会出现短暂的停顿，但也有的不停顿。如：

（8）她这个是是到那边去读研究生，研究生呢，估计两年左右吧。（81 岁，男性）

（9）小孩都不在身边，儿女都不在身边，三个小鬼，三个小鬼呢老大原来在湖南湘潭，湘潭的炼铁厂当厂长。（81 岁，男性）

（10）当当时上面也考虑我这个要求也不算过分，后来就就就就同意我调回江西，调回江西呃，这时候调回江西的时候因为那还"文化大革命"期间。（80 岁，男性）

（11）我又不到外面锻炼，就在家里，起得比较晚，起得比较晚，大约七八点，八点钟才起来，起来嘛反家里就一天就在在家里，大概一天上午下午各锻炼半个小时，就在自己房间里。（81 岁，男性）

（12）他说这样吧，你你申请调动，等一等看吧，等等看吧，过一段再看吧，嚼又等了一段，等了一段嘞，突然有一天省里面打电话，要我到省里面来一下。（80 岁，男性）

（13）现在我们又讲进入这个老年化的社会，老年化的社会啊怎么说呢，就是说人喽啊进入六十岁以上的人口比重超过百分之十以上，这就是老龄化，或者呢，你六十五岁以上超过百分之七老龄化。（80 岁，男性）

例（8）（9）都使用"呢"把重复成分和后续小句系联起来，

"呢"后可以停顿，也可以不停顿；例（10）至（13）分别使用的接续性助词"呃""嘛""嘞""啊"把重复成分与后续小句系联在一起。

接续助词的系联作用非常重要，如果没有它们，这些重复成分有时就不再和后续小句之间发生关系，而仅仅是前边小句的句末成分重复而已。如：

> a. 她这个是是到那边去读研究生，研究生呢，估计两年左右吧。
>
> →她这个是是到那边去读研究生，研究生，估计两年左右吧。
>
> b. 同意我调回江西，调回江西呃，这时候调回江西的时候因为那还"文化大革命"。
>
> →同意我调回江西，调回江西，这时候调回江西的时候因为那还"文化大革命"。
>
> c. 过一段再看吧，噶又等了一段，等了一段嘞，突然有一天省里打电话。
>
> →过一段再看吧，噶又等了一段，等了一段，突然有一天省里打电话。

从上边变换可以明显看出，如果去掉了接续助词"呢""呃""嘞"，那么重复成分和后续小句之间的结合就非常松散，在语气上几乎没有什么联系，这些重复也就不再属于句际重复了，而仅仅是前一小句句末成分的重复。

除了接续性助词之外，话语标记"的话"也是典型的系联成分，范开泰（1985）、江蓝生（2004）等学者都论述过"的话"的话语标记功能，也就是说，"的话"可以把其前后成分紧密系联起来。另外，表示时间接续的"后来""以后"等名词也都可以起到系联重复成分和后续小句的作用。如：

（14）噶我想去做手术，本来没有事啦，噶去做手术的时候，到到到那个眼科，二附医院，眼科去去去做手术，做手术的话，他跟我验了血，说我血钾高，好危险。（82 岁，女性）

（15）他说，我们都是都是都是校友啊，呃，你不要走吧，这个，就算帮我一段，呃，帮帮忙，噶人家讲得这样子很恳切，噶我不好意思咯，不好意思后来噶就留在那个吉安师专。（80 岁，男性）

（16）我嘞，就是这个，一到南师教书以后，后来就就分到了市委文教部，在党委部门做做文教干事，文教干事以后嘞 57 年就下放。（80 岁，男性）

例（14）因为"的话"的话语标记功能，所以重复成分"做手术"成为后续小句的话题，使二者密切相关；例（15）（16）中的"后来""以后"具有很强的时间接续性，所以其前后成分自然衔接。

当然，这几种系联方式不是截然分开的，几种系联方式经常同时出现，比如，例（16）既出现了接续性时间词"以后"又出现了接续性助词"嘞"，而且与后续小句之间也没有语音停顿。

三、冗余性句际重复的句法语义表现

由上文分析可知，冗余性句际重复成分在结构上已经融入了后续小句，自然与后续小句会发生一定的句法语义关系，具体表现如下：

（一）重复成分作主语

冗余性句际重复发生在两小句之间，作为后续小句的开头部分，尽管不是后续小句必有语法成分，但很容易成为后续小句的陈述对象，作主语。如：

（17）还有一个小女儿，她在图书馆工作，在图书馆工作，小

女儿有一个<u>女儿，女儿</u>在原来也在在图书馆工作过，她是，那个外孙女呀。（86 岁，男性）

（18）有的比较富裕的也有请人去去打工，做一年，从正月这个这个大概是元宵以后开始噶就紧做，做到十二月底，一年，多少工资呢？<u>600 斤谷子，600 斤谷子</u>呢，啊不够老婆吃，一一一一个月。（82 岁，男性）

上边例（17）中"女儿"是冗余性重复，但出现在后续小句之前就自然成为陈述对象，做后续小句的主语；例（18）情况一样，冗余性重复成分"600 斤谷子"在结构上成为后续小句的一个部分，是后续小句的主语。

（二）重复成分作话题

有些冗余性重复成分虽然不是后续小句的主语，却是后续小句的话题，后续小句都围绕着这个重复成分来展开。如：

（19）南昌的管理工作，啊，我举个例子来说，那就是，一管就死，你像，<u>公园路，公园路</u>呢，这个地方曾经是几起几落，这个，早三四年的时候啊，那个时候非常热闹。（83 岁，男性）

（20）这个，意思就说现在取得成绩跟一些老同志、老领导、老教授的关心分不开，讲了些客套话，噶最后发言，<u>发言</u>那个化学系那个党老师，他就对这稿子念的，一念就念了五六分钟，我嘞，我本来不想发言，他叫我发言，我就两三分钟。（80 岁，男性）

上例（19）（20）中的划线部分虽然都是冗余性重复，但这些重复成分却成为后续句的话题。例（19）的重复成分"公园路"虽然不是后续小句的主语，但后续小句都围绕着"公园路"这个重复成分来述说的，所以是其话题成分，"呢"也可以看作话题的标志。方梅（1994）认为，"呢"一般不在始发句里，在一段较长的叙述语段里，

"呢"常常出现在后续小句里，而且往往是转换一个新话题，或新的谈话角度。屈承熹（2005）将"呢"称为"接续虚词"，它的位置是在句首的词组之后，而这个词组通常被视为一个话题。例（20）的"发言"情况一样，虽不是后续小句的主语，却是其话题。

（三）重复成分作状语

有的冗余性重复成分不是后续小句的主语和话题，而是状语。如：

（21）他现在是因为出国留学么，后来就定居在美国，他一家里都在美国，现在在水密西华的么，而且他呢，现在在国内，现在在国内呢他开了一个公司。（92 岁，女性）

（22）她跟我一起生活了25 年，生活了25 年以后，我一直是一个人生活，从来没有想到有另外一个人一起生活，根本就没没有没有这个想法。（89 岁，男性）

上例（21）中的"现在在国内"作前一小句的谓语，其重复成分则作后续小句的地点状语；例（22）的"生活了25 年"作前一小句的谓语，其重复成分与接续名词"以后"合在一起作后续小句的时间状语。

（四）重复成分与后续小句构成紧缩句

有的冗余性重复成分与后续小句一起构成一个紧缩句，重复成分作紧缩句的始发部分，从语义关系上看，始发部分与后续部分之间以顺承关系为多，也有转折关系的情况。如：

（23）我们干了十一年，我，突然之间得了心脏病我就下来了，下来了贺琛搞了一下子他也搞不下去了。（82 岁，女性）

（24）我这个用老年证坐车，唉，的确，从来都感觉到啊，都是，那个，一上去，啊，唉，都有人让座，都有人让座。当然，啊，个别时候，个别车上，的确也有，呃，也有人不让座，不让座

我也不，唉，我从来不会说，啊。（90 岁，男性）

（25）可以你买房子，70% 贷给你都可以，所以他呢，当时他贷的款他只贷了 50% 左右吧反正，呃，买了房，买了房子但是呢没有住。（83 岁，男性）

上述例（23）至（25）中划线部分都是冗余性句际重复，其重复成分与后续小句都构成紧缩句，分别表示顺承关系、让步关系、转折关系。

（五）重复成分不作后续小句任何成分

有的重复成分无论在句法上还是语义上都与后续小句没有明显的内在联系，完全游离于后续小句之外，只是因为与后续小句之间没有停顿所以黏合在一起。如：

（26）我们讲原来村牌子里的房子没有人住了，年轻人都打工去了，年老弱病残的人老，那个婆公公婆婆呢就带孙子，带孙子因为他外面赚了一点钱略，他就在乡下不有市镇啦，有市场的镇镇上啊，那就在那里租房子，有钱就买房子。（85 岁，男性）

（27）新中国成立以后当了一年贫下中农撒，当了一年校长，当了一年校长噶又我以前就在这里，以前这里叫作解解放初叫作南昌大学。（85 岁，男性）

例（26）至（27）中的划线部分都是冗余性句际重复，其重复成分既不是后续小句的主语、话题或状语，也不是紧缩句的一个部分，完全游离于后续小句之外。

四、冗余性句际重复的非流利性质及年龄关联度

从言语交际效率来看，冗余性句际重复使话语显得臃肿烦琐，造成话语不流畅，属于口语非流利现象，它们在句法上都是多余的成分，是话语的累赘，删除这些成分会使话语更加流畅。如：

（28）他们洗碗就在一个桶里洗碗，我不晓得他学校里面有人生肝炎，我不知道，我的抵抗力好弱，我在那里马上就染上这个<u>肝炎，肝炎</u>但是也治好了，治好了。（87岁，女性）

→我在那里马上就染上这个<u>肝炎</u>，但是也治好了，治好了。

（29）我现在是，两个老人家，我只有<u>一个儿子，一个儿子呢</u>在在美国，他现在是因为出国留学嘛，后来就定居在美国。（92岁，女性）

→我现在是，两个老人家，我只有<u>一个儿子</u>，在在美国。

（30）我认为现在就是这个怎么样呢？一个德，我总认为现在一个社会唉最大一个问题就<u>缺乏一个德，缺乏一个德</u>是根源在哪里？根源一个耻，耻辱的耻，就是一个人要知耻。（93岁，男性）

→现在最大一个问题就<u>缺乏一个德</u>，是根源在哪里？

上述例（28）至（30）中都有句际之间的冗余性重复，重复的部分在结构上多余，在语义上没有增加新信息，在语用上也没有特殊的表达效果，删除之后不影响任何语义的传递，而结构上则更加简洁顺畅了。

冗余性句际重复是口语表述中的常见现象，从年龄特征来说，老年人相对于年轻人更容易出现，高龄老人比低龄老人更容易出现。本节例（1）是一位80岁老人的一段陈述性话语，共200来字，20个小句不到，但句际重复却出现了6次，其出现频率很高。我们调查发现冗余性句际重复的出现频率与老龄化具有明显的相关性。调查方法与前面一样，每个年龄组10位受试，每位受试选取2000字的语料，每一个年龄组选取20000字，然后通过人工统计其中出现冗余性句际重复的频次。下边是具体的统计数据：

表 3 - 3 - 1

分组 频次	中年组 35~45 岁	老年一组 65~69 岁	老年二组 70~74 岁	老年三组 75~79 岁	老年四组 80~84 岁	老年五组 85~89 岁
各组频次	9 次	10 次	7 次	15 次	25 次	26 次
平均频次	9 次	17 次				

不容置疑，在言语表述中出现冗余性句际重复的频率越高，其语言的流利度则越低。上边表 3 - 3 - 1 的调查数据表清楚地显示了冗余性句际重复的出现频率与年龄的关联度，从中可以窥测老年人口语流利表述能力与老龄化之间的联系。具体说来大致可以得出如下三点基本规律：

第一，整体上老年人出现冗余性句际重复的频率明显高于中年人，因此可以得出一个基本结论：老年人口语的流利度整体上低于中年人。

第二，就老年五个组来看，整体趋势是年龄越大出现冗余性句际重复的频率就越高，因此可以说，随着衰老程度的增加，语言的流利度有所下降。

第三，老年一组（65~69 岁）和中年组（35~45 岁）出现冗余性句际重复的频次差不多，可能就意味着 60 多岁的老年人其语言流利度并没有明显下降。

总之，冗余性句际重复属于口语非流利现象，在老年人口语中出现比较常见，且年龄越大越容易出现，据此可以认为，随着人的衰老，口语流利表述的能力在缓慢下降。

第四章

填塞语现象

在口语表达中，说话人经常会说出一些没有任何交际价值的成分，这些成分基本就是话语中间的废料，其出现往往影响了口语的流利程度，我们称之为填塞语。常见的填塞语有三种类型：一是非流利性"这个/那个"，二是非流利性"什么"，三是非流利性的"呃、嗯、唉"等。本章主要讨论"这个/那个"和"呃、嗯、唉"。

第一节　填塞语"这个/那个"

"这个/那个"在现代汉语口语中使用频率非常高，其用法也复杂多样。最早对"这个/那个"的用法进行了全面而详细考察的重要成果是吕叔湘先生的《现代汉语八百词》（1980），近年来学界比较关注"这个/那个"的话语标记功能，较重要的成果主要有许家金（2008）、郭风岚（2009）、刘丽艳（2009）、殷树林（2009）等学者的研究。本节主要讨论出现于老年人口语中的非指代用法"这个/那个"的填塞性质及其年龄关联度。

一、"这个/那个"的指代功能

关于"这个/那个"的功能，学界多有探究，涉及指代功能、话语标记功能、语用修辞功能等。不容置疑的是，"这个/那个"的最基本的功能就是指代，包括指别和称代，吕叔湘先生的《现代汉语八百词》对这两个词的指代用法都有比较详细的描述。

《现代汉语八百词》指出，"这个"的词性有两种，一是指别词，二是称代词，也可以合称为指代词。作为指别词其基本用法有二：第一，指示比较近的人或事物，用在名词或名词性短语前面，如"这个孩子""这个聪明的女孩"；第二，口语中用在动词、形容词前面，表示夸张，如"这个高兴啊""这个一路小跑"。作为称代词，其基本用法也是两种：第一，代替名词，称事物、情况、原因等，如"这个是我借的"；第二，与"那个"对举，表示众多事物，不确指某人或某事物，如"看看这个，又看看那个"。"那个"的基本语义内容与"这个"相对，一个表"远指"，一个表"近指"；二者的基本语法作用差不多，都可以用在名词或名词性短语前面起指别作用，都可以用在动词、形容词前面表示夸张，都可以代替名词，称代事物、情况、原因等。除此之外，"那个"还有一个用法是"这个"所不具备的，就是可以作谓语，代替某种不愿意明白说出的形容词，如"你刚才的态度真有点太那个了"。

"这个/那个"除了上述这些指代具体词语外，还可以指代一些难以说清楚的词语，从而产生特定的表达效果。说话人有时需要表达某种思想却由于某些原因不愿或不能直接说出来，往往就借助"这个/那个"来替代，其中用得比较多的是"那个"，这样可以使用语更加含蓄得体。如：

（1）小雨和大马在音乐茶座。……小雨对大马说自己已有男朋友了。大马仍纠缠。小雨哭着回公司后，暗恋小雨的吴德利以为事情很严重，十分担心地问："你跟他'那个'了吗？"（电视剧《浪漫的事》）

（2）孔秋萍：（轻蔑的神气）况先生，我就讨厌这种欺软怕硬的势利小人。他以为他是"这个"（伸小指示意）介绍来的，我就怕他！哼，我还是照样给他一个难堪！（鼻子拖出一声长的——）嗯，"这个"，"这个"是一个什么东西！

况西堂：老弟，嘴上不要这么缺德。院长夫人就院长夫人，不必"这个""这个"叫得这么难听。（曹禺《蜕变》）

"这个/那个"还可以与指人名词结合而产生特定的情感，可能是无奈，可能是赞叹和喜爱，也可能是贬斥和不满，此类用法以"这个"的使用最常见。如：

（3）这个丁大头，在咖啡店那么文雅的地方，他可以大谈特谈讲黄色笑话，而在我们家那么私人的地方，他竟然如此一本正经，看来这招也不管用，丁大头分明是在耍我。（《当兄弟已成往事》，选自《小说选刊》，2002）

（4）她累了，她觉得她这辈子好像比别人的一辈子都要长，老也没有剧终的时候，她的思维又格外地活跃起来。这都是那个该死的范柳原闹的，让她在晚年也不得安生。（《香港的白流苏》，选自《小说选刊》，2001）

从语法特征来看，具有指代功能的"这个/那个"一般是小句的内部组成部分，充当某一句法成分，或作主语，或作宾语，或作谓语，或作名词定语，或作状语表夸张，或作补语。

二、"这个/那个"的非指代用法

(一)"这个/那个"的话语标记性

对于"这个/那个"的非指代用法,学界一般把其看作话语标记,并对其话语标记功能展开过诸多研究。许家金(2008)认为,"那(个)"的话语功能主要包括开启话题、转换话题、思索填词三个方面;刘丽艳(2009)认为,作为话语标记的"这个/那个"主要功能有二,一是位于话轮开端引发话轮,二是位于话轮中间延续话轮;郭风岚(2009)认为,作为话语标记的"这个/那个"具有话语调整与修正、话题转换两方面功能;李恒(2011)认为,"这个/那个"的话语标记功能有四,一是话语延缓功能,二是开启话题和转换话题功能,三是信息修正功能,四是面子缓和功能。下边略举几例具体说明学界对"这个/那个"话语标记功能的认识。

(5)这事就算完了,以后看你们的实际行动,啊。这个——下面我们谈第二件事。关于圆圆的教育问题。这个今年3月2日深夜……(刘丽艳例)

(6)我的二孩子……自己呢也仍然在和她哥哥呢一起呢补习功课。后来,考上了,清华大学……所以这个,但是我这四个孩子吧,这个学习情况也不同。(郭风岚例)

(7)小琴:别这样子虐待我的磁带啊!

小莉:没了,……我想起来了,你的快进键,应该是按这个。

小琴:赶快接着抄语文哦,我语文AB卷。

小莉:把那个给我,把那个盒子给我,……我跟你讲,那个,这里面好好多都蛮好听的。

小琴:哎!你那个政治课课通,写了多长时间?(许家金例)

97

（8）朱军：可是你们本来更有机会取到"真经"，为什么放弃？

汪粤：当时有一个电影导演找我说去拍电影，因为我想呢，在这个拍摄之间的间余上呢，<u>这个</u>，间隙上我抽出时间来跨拍。我当时是属于很冒昧的，但是我当时那种血气方刚的学生，就会有这种想法。（李恒例）

根据刘丽艳（2009）的分析，例（5）的"这个"具有维持话轮的功能，目的是让听话人能更清楚地理解说话人话语，使话轮表述得更连贯、清晰。例（6）的"这个"，根据郭风岚（2009）的分析，具有话题转换功能，话题开始是围绕学习很好的老大、老二，其后通过"这个"伴随"但是"转换到谈论学习不好的老三、老四。例（7）中的"那个"，根据许家金（2008）的分析，也是具有转换话题的功能，说话人小莉先说到"把那个盒子给我"，然后突然冒出一个新的想法"这里面好好多都蛮好听的"，通过使用"那个"促使话题进行转换。例（8）中划线的"这个"，根据李恒（2011）的分析，具有信息修正功能，受访者对自己的用词进行了修正，将"间余"换成了"间隙"，中间加入"这个"，语言表达更自然，更容易被理解。

上述分析粗看起来好像很有道理，但如果深究的话，很多说法是值得商榷的，甚至可以说有点牵强。根据刘丽艳的分析，例（5）的"这个"是维持话轮，但如果深究就会发现，真正维持话轮的是"下面"，过渡自然而又简洁明快，"这个"其实完全是一个多余的成分，不但不能维持话轮，相反还使话语变得不顺畅。同理，例（6）中促使话题转换的关键词也不是"这个"，而是"但是"，"这个"的出现只是使话语变得不顺畅。例（7）的"那个"也是根本就没有任何话题转换的功能，而只是出现在动词"讲"和其宾语之间的累赘性成分。例（8）的"这个"看起来是有信息修正功能，但仔细分析就会发现，其实即使没有"这个",在口语中只需要有一个短暂的停顿,也一样可以很顺畅地实现从"间余"修正成"间隙",也就是说,"这个"其实是一个可有可无的成分,只是因为它恰好出现在修正成分和被修正成分中间,所以就被分析出了修正功能。当然,我们并不反对某些"这个/那个"是话语标记,它们也确实具有某些话语功能,比如,开启话题功能、舒缓口气保全面子功能等。

但是,目前很多关于"这个/那个"话语功能的分析其实不一定真的就是"这个/那个"的话语功能,有的其实仅仅是因为"这个/那个"出现在了某一个特定的篇章位置,而该位置恰好又具有了某一话语特征,然后就把该位置本身所具有的特征强加在了"这个/那个"身上。如果按照这样的分析,"这个/那个"的话语功能还远远不止这么多。作为话语标记,其话语功能应该是稳定,而且在篇章中也不是可有可无的,而从目前很多把"这个/那个"作为话语标记分析的文献来看,其举例中的"这个/那个"大都是可有可无的成分,省略之后不但不影响表达效果,相反话语会更顺畅。我们认为,口语中非指代的"这个/那个"有一大部分其实并不是话语标记,不但没有很明显的篇章功能,相反,过多使用往往会影响话语的顺畅,我们称之为"填塞语"。陈建民(1984)认为,有些人养成不良的说话习惯,一张嘴"这个""嗯嗯呀呀"等就不自觉地脱口而出,它们毫无表达作用,影响了语言的连贯性。鲁迅先生说,讲话的时候,可以夹许多"这个这个""那个那个"之类,其实并无意义,到写作时,为了时间、纸张的经济,意思的分明,就要分别删去的,所以文章一定应该比口语简洁,然而明了。(《且介亭杂文·答曹聚仁先生信》)

(二)"这个/那个"的填塞性

我们调查发现,"这个/那个"的非指代用法在老年人口语中出现比较频繁,而且大多数并没有明确的话语功能。如:

（9）刚才谈到<u>这个</u>饮呃，饮呃，饮食习惯，我<u>这个</u>对这个饮食比较马虎一点，唉，吃得比较清清淡一点。（71岁，男性）

（10）他在身边看到我<u>这个这个</u>生活变化很，就是失禁，大小便都失禁，呃，赶快送医院，一附医院很行的，送到抢救，说我现在完全恢复了，本来中风很危险的呃，<u>这个这个这个</u>脑血栓，要瘫痪了，<u>那个</u>一般的都，大部分都瘫痪了，大部分。（87岁，男性）

上边是两位老人的口语材料，划线的"这个/那个"都是非指代用法，但又都没有明显的话语功能，我们称之为填塞语。填塞语一般出现在口语中，因为口语表达的临场性、即时性而产生，基本上不含任何信息内容，也没有明显交际价值，是填充在话语中的累赘性成分，往往是说话人难以自控的无意识言语表现。

从言语交际效率来看，填塞性"这个/那个"在语篇中不但没有很明显的表达效果，相反使话语显得臃肿烦琐，是一种口语非流利现象，语篇中出现过多的"这个/那个"往往会影响话语表述的顺畅性和清晰度。如：

（11）哦哦，<u>这个这个这个</u>，现在现在现在<u>这个</u>什么，现在<u>这个</u>大家都比较关注这个问题，闯红灯这个问题是吧？（80岁，男性）

（12）大儿子现在他在南昌银行总行，搞什么，<u>这个这个</u>电脑啊，搞<u>这个这个</u>电脑<u>这个</u>工程师，他也是没有政治色彩，他也是，就是额一个工程师就是这样的<u>这个这个</u>。（87岁，男性）

（13）<u>这个这个</u>对一些对一些<u>这个</u>呃什么什么<u>这个</u>打打笔仗的谁跟谁跟什么什么人哪请<u>这个</u>呃呃呃，<u>这个</u>是娱乐界的一些人，啊，有呃呃呃谁跟谁闹矛盾啊，什么呃，不看。（78岁，男性）

（14）我母亲就比较聪明、灵巧，她会唱很多<u>那个</u>，呵，<u>那个</u>那个就是那个那个就是那个农民哼哼那个小调。（80岁，女性）

上边例（11）至（13）中的"这个"和例（14）中的"那个"都

没有指代功能和语用价值，相反影响到了听话人的信息接收，都属于填塞性非流利现象，删除之后话语更顺畅。

　　概括起来，填塞语具有如下几方面特点：第一，出现比率较高，年轻人口语中也有，尤其老年人口语中很常见，有时一个句子中还多处出现，还可以三个四个甚至五个六个连用。我们统计了 65～89 岁的 50 位男性老人共 148415 个词的口语语料，共发现填塞性"这个/那个"4532 次，其比率高达 3%；统计 20～45 岁的男性年轻人 38692 个词的语料，发现填塞性"这个/那个"556 次，其比率也达到了 1.4%。第二，发音轻短含糊，语速一般比较快。第三，语义完全虚化，不再具有指代意义，删除之后不但不影响语义的传达，甚至还会使句子更顺畅。第四，句子位置灵活，可以出现在句首、句中，甚至句子末尾。第五，句法相对独立，可以不跟前后任何句法成分发生关系，如例（11）的"这个这个这个"；有的虽然出现在名词前但并不构成修饰关系，如例（12）的"这个这个"就并不修饰"电脑"，因为"这个"在此处不可能表示近指关系，而是可以随意删除的累赘性成分。

　　作为填塞语的"这个/那个"很容易与作为话语标记的"这个/那个"相混淆，因为二者确有一定的相似之处。根据刘丽艳（2009）的研究，作为话语标记的"这个/那个"也具有使用比率高、位置灵活、语义虚化、句法独立、语音含糊等特征，这与作为填塞语的"这个/那个"基本特征一样。但是我们认为二者也有明显不同，话语标记是一种主观可控性行为，是说话人对自身话语进行主观调控而采取的话语策略，因此话语标记都具有某种特定的语篇功能；而填塞语是一种客观无意识行为，是说话人不自觉的言语习惯，不具有任何主观可控的语篇功能。如：

　　（15）语境：在银行。某客户来到 1 号窗口，但 1 号窗口职员并未发现该客户。

顾客：那个——我想问问电子账户的事儿。（刘丽艳例）

（16）罗鹂爸爸：我觉得你和罗鹂挺般配的。

池海东：叔叔，那个，我离过婚。（电视剧《离婚律师》

（17）我觉得这个这个这个闯红灯啊，行人其实不是很多，我看了下，这个骑电动，骑摩托，骑自行车的闯红灯更多。（69 岁，男性）

（18）还有唉，呃，我对对艺术有看法，就是说特别看不惯那些这个流行歌曲，听不惯，嗯这个这个伊利哇啦伊利哇啦，没有一点这个呃艺术性。（78 岁，男性）

上述例（15）的"那个"具有引发话轮功能，它位于首话轮的开端，通过吸引听话人注意从而引发出第一话轮的实现，相当于打招呼或吸引人注意的"喂"；例（16）是电视剧《离婚律师》中的一段对话，罗鹂爸爸想把罗鹂托付给池海东，池海东觉得有必要把自己离过婚这个关键性因素告诉罗鹂爸爸，但又怕直接说出来伤害到罗鹂爸爸的面子，并产生一种因言语生硬而拒人于千里之外的感觉，所以就使用了"那个"，使说话显得有点儿吞吞吐吐，表现出说话者的胆怯，体现一副弱者的形象，很自然就凸显出听话人的地位之尊贵，这样，听话人罗鹂爸爸能获得一种心理优势和被尊崇的感觉，能够冲抵由于话语内容的非预期性而带来的失落，所以例句中的"那个"是不可以省略的，它是说话者的一种话语策略，是一个典型的话语标记。总之，这两例中的"那个"都是说话人故意为之的一种话语策略，属于话语标记，不可以删除。而例（17）（18）中的"这个"却都没有明显的话语功能，是说话人无意识甚至不能自控的话语产出，是话语中的累赘性成分，属于填塞语。

在很多情况下，"这个/那个"作为话语标记和作为填塞语其书面文本可能看不出差别，但在口语表述中还是有比较明显的差别。作为话语标记的"这个/那个"是一种主观的话语策略，是说话人言语调控的手段，所以其语速一般比较慢；而作为填塞语的"这个/那个"则是一种非主观可控性言语行为，往往是一种无意识行为或言语习惯，所以其语速往往比较快，而且经常会出现多次重复或不同填塞语的替换。如：

　　a. 7 月份我去了滕王阁。

　　b. 7 月份我去了······ 滕王阁。

　　c. 7 月份我去了那̲∶∶̲个̲∶∶ 滕王阁。

　　d. 7 月份我去了那个那个那个那个滕王阁。

　　d′. 7 月份我去了那个那个什么什么滕王阁。

　　d″. 7 月份我去了那个那个呃呃呃呃滕王阁。

　　上述例子，例 a 是很顺畅的表述；例 b 的说话人因为突然想不起"滕王阁"，所以停顿了一段比较长的时间，造成了话语的短时中断；例 c 的说话人也想不起"滕王阁"，但他有意识地使用"那个"，并且说得比较慢，为大脑提取"滕王阁"延长了时间，同时话语也没有中断，"那个"就是话语标记，具有延缓话语时间的功能；例 d 的说话人同样想不起"滕王阁"，不自觉地说了"那个"并不断重复，一直到想起"滕王阁"为止，有时也不全是说"那个"，还会说"什么""呃""啊"等，其填塞性质都一样，此类"那个"往往语速比较快比较急，说话者甚至难以控制，它们不是话语标记，只能是填塞语。尽管例 c 和例 d 的客观效果一样，都为后边词语的产出赢得了时间，但主观调控意识不同，所以二者的性质并不相同。

　　与"这个""那个"相关的"这"和"那"有时也具有填塞语性质。如：

　　（19）我是专业课的，专业课，怎么教了几下子以后，这这这这这后来取消俄语专业。我们这个国家有时候办事情呢就是说忽左忽右。（82 岁，女性）

（20）他们说下午研究我的工作。噶<u>那那那那那</u>我们中文系啊，那个原来是汪大军当系主任……（80岁，男性）

三、"这个/那个"的填塞类型

尽管填塞语"这个/那个"都是主观不可控的无意识行为，但如果从现实效果看，其填塞性质可以分成三种类型：延缓性填塞、替代性填塞和习惯性填塞。

（一）延缓性填塞

所谓延缓性填塞指在说话过程中，一时想不起某个词，从而不自觉地使用"这个/那个"来填补因大脑搜索目标词语不得时形成的话语空白，本质上就是大脑寻找目标词语的思维活动没有跟上语言表述的速度。延缓性填塞语一般出现在名词前面，这些名词有的是因为在说话人的日常言语中出现频率低，而不熟悉，也有的名词说话人非常熟悉但一时之间突然出现卡壳。如：

（21）那个老二呢……噶就他改，他由学工改学文，就学经济，学经济呃，就在<u>那个那个</u>中南财经大学读读了个经济专业。（80岁，男性）

（22）噶就考考考考出国留学，考出国留学就取取录取在<u>那个那个</u>美国<u>那个</u>佛罗里达州，佛罗里达州的首府叫作迈阿密，有一个迈阿密大学，噶就噶就在那个学校在那个学校读博士。（80岁，男性）

（23）我们这里师大正门口就是一条路，一条泥巴的马路，就是——一条泥巴马路，有一个汽车是从这个八一广场开到<u>这个这个</u>谢家村。（82岁，男性）

（24）你现在这个比较规范，所以我们老年人讲起来，特别到这个大的马路，<u>这个这个这个</u>，这里，<u>这个这个这个</u>，洪（彭）家桥那里现在比较规范，到红谷大道，比较规范。（80 岁，男性）

上边例（21）（22），无论是"中南财经大学"还是"美国佛罗里达州迈阿密大学"，很明显在老年人的日常话语中都不会太常见，要很快说出来肯定不容易，所以说话者不自觉地使用了填塞语"那个"，为大脑搜索目标词语赢得更多时间。例（23）（24）中的两个地名"谢家村"和"彭家桥"都是离说话人住所很近的地方，是非常熟悉的，但一时也想不起来，使用了多个填塞语"这个"。

有时，说话人在提取脑海中某一不太熟悉的词语时，除了使用填塞语之外，还会说一些<u>其</u>他相关的话语，<u>这</u>些话语的出现能更明显地反映出说话者提取目标词语的思维过程。如：

（25）我真的很少出去，交通银行现在要到那边，过一个马路，我都是邀到人一起，那不是划了<u>那个那个</u>杠杠叫什么，（调查者：人行横道）嗯，嗯，我们都是站到横道这边，紧看，紧看，等到看到那个已经换了绿灯了，噶我们再牵着手再过去。（82 岁，女性）

（26）他们都是搞<u>这个</u>搞<u>这个</u>（调查者：翻译？）她不搞翻译，她是搞<u>那个</u>，她叫什么东西呢？什么叫叫作资本市场，我都不晓得她们搞什么。（82 岁，男性）

（27）像<u>这个这个这个</u>浙江省啊，它出出来的文人啊，可以说是半边天下在中国，是吧？鲁迅，茅盾，夏衍，郁达夫，这些都是啊，还还有很多啊，现在的，嗯，现在比较有名的你像<u>这个</u>，嗯，写《活着》的<u>那个那个</u>小说的小说家叫什么，都是在这里。（81 岁，男性）

上例（25）说话人想说的是"斑马线"或"人行横道"，但一时想不起来，就不自觉地说出了填塞语"那个那个"，并且试图通过对该事物外形进行描述以达到从大脑中提取该词的目的。例（26）说话者在连说三个"搞这个/那个"之后，再自言自语式说出"叫什么东西呢?"最后才想起是"资本市场"。例（27）说话人本想说作家"余华"，但一时想不起来，在大脑努力回忆的过程中很自然地就使用了填塞语"这个/那个"，并描述了这个人的显著特征，就是小说《活着》的作者，最后还是没有想起来。

延缓性填塞语"这个/那个"也可以出现在动词或形容词性词语前面，不过这些动词或形容词性词语一般都是说话人日常话语系统中不太常用的。如：

（28）有一个外孙已经大学，已经（调查者：毕业了?）对，毕业了，现在在美国美国，因为他这个属于<u>这个什么，这个什么，这个这个</u>，联合办学的，这里读了以后呢，到那里去读，读了以后呢再拿这个学位。（80 岁，男性）

（29）为江西的振兴唉，添砖唉<u>这个</u>添砖加瓦，<u>唉这个什么什么什么什么什么什么唉什么</u>增光添彩，所（以）老人家就是这个这这，一下一下就记不到了，我这里想增光添彩，一下又想不到了，只晓得添砖加瓦。（80 岁，男性）

（30）市容那是比比比比过去那是漂亮多了，另外就是过去呃，南昌呃，<u>这个</u>郁，<u>这个这个</u>休闲的地方郁落（郁）森森，休闲的地方相当少。（80 岁，男性）

例（28）的动词短语"联合办学"在一位 80 岁老人的话语体系中明显不太常用，一时说不出来是再正常不过了，说话人很自然地就说出了填塞语"这个这个"。例（29）更明显，说话人想说动词短语"增光添彩"但一时记不起来，只记得近义词"添砖加瓦"，所以先说出了"添砖加瓦"，同时在大脑中苦苦搜索"增光添彩"，很明显这个搜索的过程比较长，不自觉地就填入了"唉这个什么什么什么什么什么什么唉什么"这一长串的填塞语。例（30）是形容词前出现了填塞语"这个"，说话人本想说的是"南昌郁郁（落）森森的地方很少"，但因为"郁郁森森"这个词有点陌生了，一时想不起来，在思考的过程中就自然地说了填塞语"这个这个"，同时还说了解释性话语"休闲的地方"。这些话语能够很清楚地看出说话人大脑提取词汇的过程，很明显说话人大脑中有"郁郁森森"这个词的存在，但一时无法提取出来，在回想过程中先想起了其中的某一个字"郁"，再想起整个词语，在大脑提取这个词语的过程中就不自觉地使用了填塞语"这个"，其实最后说出来的词也有误差，把"郁郁森森"说成了"郁落森森"。

（二）替代性填塞

替代性填塞指说话时突然找不到准确表达某语义的目标词语，不自觉使用填塞语"这个/那个"，客观上填塞语"这个/那个"就替代了大脑搜索不到的目标词语，听话人只能凭语境去猜测其大致所指。如：

（31）其实韩国人跟日本人他那个对那个日本的不承认"二战"那个也是那个，是啊，也是很有意见的，但他佩服韩国人。（66岁，男性）

（32）现在你看不拦起来了嘛（马路中间的隔离栏），这个车子相对就少多了，以前没有拦，这个好多这个，我都看到车子走，这个，他们这个比闯红灯还要厉害应该说，（调：横穿马路）唉。（69岁，男性）

上边例（31）至（32）中的填塞语"这个/那个"客观上都替代了目标词语。例（31）划线的"那个"表达的是韩国人对日本人不承认"二战"的不满，但说话情急之时没有找到一个合适的词语来表达，填塞语"那个"在句法上就替代目标词语，后边再补充一个解释性的话"也是很有意见的"；例（32）"这个"指行人和车子横穿马路，但说话人一时想不到一个合适的词语来表达，填塞语"这个"在句法上就替代目标词了，最后由调查者补出"横穿马路"，得到说话者认可。

（三）习惯性填塞

习惯性填塞则是一种话语习惯，就是在说话过程中无来由地使用"这个/那个"，既不是延缓时间也没有替代任何词语。如：

（33）我我我到别的城市看了一下，这个特别是在在美国，我在美国住了一年，给我印象很深，那个那个那个那个交通秩序非常好。（80岁，男性）

（34）哦，这个老人老人坐车啊，我因为经常遇到一些这个问题，我也有一些感慨，我觉得这个这个文明文明建设啊，文明程度啊，这个在全国来讲，这个我们南昌还是比较比较落后的。（80岁，男性）

（35）所以他那个交通秩序啊就非常好，而且人与人之间呢比较尊重，特别是那个那个，给我印象深的，就是这个小孩！那小孩过马路那是绝对优先。（80岁，男性）

从语境判断，上边例（33）至（35）中的"这个/那个"后边的内容都不太可能想不起来，所以这些填塞语并没有什么特别的作用，仅仅是一种习惯性的累赘成分。此类填塞语在老年人口语中使用最多最频繁，而且它的位置也最灵活，可以在名词、动词、形容词等实词前，也可以在介词、副词、连词等虚词前，还可以在小句前。

四、"这个/那个"的年龄关联度

大多数人的口语表述中都有"这个/那个"这种填塞性非流利现象，但相对来说老年人口语中出现更多、更广、更频繁。阚泊尔（Kemper，1992）发现，老年人与年轻人在自发口语中有相同数目的句子片段，然而，年轻人的片段往往"质量更好"，老年人往往给出不完整的句子作为停顿时的"填料"。为此,我们考察了填塞性成分"这个/那个"的使用比率与年龄老化的相关性。

前文已述,我们以 5 岁为一个年龄段把调查对象(65~89 岁)分成 5 组。为排除性别因素的干扰,全部选择男性老人进行统计,每个年龄组包括 10 位老人。另外还设立了 1 个中年参照组,江西师范大学的 10 位男性在职教师,年龄在 35~45 岁之间,一般都具有博士学位或副教授以上职称。参照组也都是高知识群体,生活空间主要在高校,与我们的研究对象高校退休老师具有相对较多的社会共性。

我们调查统计各年龄组中填塞性"这个/那个"的出现频次和频率,频次指"这个/那个"的出现次数,这个数据通过人工逐个甄别统计,而"这个/那个"的出现次数除以总语料词数就是频率,总语料词数通过计算机统计获得。[①] 我们统计了两种情况,一是填塞性"这个/那个"单用的情况,二是填塞性"这个/那个"连用的情况,包括二连用的"这个这个/那个那个"和三连用的"这个这个这个/那个那个那个"。下边是具体的统计数据表:

表 4-1-1 填塞性"这个/那个"单用的频次、频率表

年龄段	语料词数	"这个"频次	"那个"频次	总频次	总频率	
85~89 岁	28514	531	284	815	2.858%	
80~84 岁	32135	669	231	900	2.801%	
75~79 岁	31492	483	178	661	2.099%	2.542%
70~74 岁	26497	449	339	788	2.974%	
65~69 岁	29777	487	122	609	2.045%	
35~45 岁	21592	331	67	398	1.843%	1.843%

---

① 我们所使用的统计软件是字词频统计工具 MyZiCiFreq。

表 4-1-2 填塞性"这个/那个"二连用、三连用的频次、频率表

年龄段	语料词数	"这个"频次	"那个"频次	总频次	总频率	
85~89 岁	28514	57	9	66	0.232%	
80~84 岁	32135	78	14	92	0.286%	
75~79 岁	31492	45	12	57	0.180%	0.239%
70~74 岁	26497	40	42	82	0.309%	
65~69 岁	29777	52	6	58	0.194%	
35~45 岁	21592	12	6	18	0.083%	0.083%

上边表 4-1-1 和表 4-1-2 的统计数据清楚地显示了填塞语"这个/那个"的使用频率与年龄的关联度。而前文已经论述，填塞语属于口语非流利现象，所以通过上边的统计数据可以窥探老年人口语流利表述能力与年龄的关联度。具体说来大致可以得出如下四点基本认识：

第一，从中年到老年，随着年龄的增加，填塞语"这个/那个"的使用频率基本趋势是越来越高，据此我们得出一个最基本的结论：老年人的口语表述流利度整体上与老龄化具有负相关性，即年龄越大，口语表述越不流利。

第二，如果把老年五个组合成一组成为老年组，可以看出老年组和中年组填塞语"这个/那个"单用和连用的频率级差非常明显，"这个/那个"单用时，老年组的出现频率大约是年轻组的 1.4 倍，而"这个/那个"连用时，老年组的出现频率则是中年组的 2.9 倍。很明显，填塞语出现越多，语言越不流利，所以填塞语的连用自然比单用更加不流利。据此可以认为，尽管中年人和老年人都会出现口语非流利现象，但是老年人的口语非流利现象比中年人更加明显。

第三，如果把单用和连用的数据汇总，35~45 岁的年轻人使用"这个/那个"的频率是 1.92%，65~69 岁老年人的使用频率是

2. 23%，70～74 岁老年人的使用频率则是 3.28%，可以看出，65～69 岁的老年人与 35～45 岁的年轻人相比其填塞性"这个/那个"的使用频率提高不是太多，而 70～74 岁这个年龄段的频率则提高比较多。据此我们认为，70～74 岁这个年龄段是语言流利度下降的一个重要转折点。

第四，就老年组来说，基本趋势是，随着年龄的增加，填塞语的使用频率也明显提高，但是 75～79 岁这个年龄段出现了数据的回落，填塞语的使用频率要明显低于其前一阶段 70～74 岁这个年龄段的。据此我们认为，随着老年人衰老程度的提高，其语言流利程度整体趋势是慢慢地下降，但 75～79 岁这个年龄段的老人其语言流利程度相比于 70～74 岁这个年龄段的老人有所提升。

综上所述，老年人口语中大量出现的非指代用法的"这个/那个"属于填塞性非流利现象。调查数据显示，从中年到老人，填塞性"这个/那个"的出现频率越来越高，其中 70～74 岁这个年龄段尤其大幅提高。据此我们认为，随着人的衰老，口语流利表述的能力在缓慢下降，其中 70～74 岁是下降的一个重要拐点。

第二节 填塞语"呃、嗯、唉"

本节将探讨老年人口语表达中经常出现的"呃、嗯、唉"等词语，它们在句中既没有感叹作用，也不表示某种语气，基本上是填塞在话语中的冗余成分，我们称之为"呃"类填塞语。如：

（1）有一些老人可能也不那么自觉，觉得应该让给，呃::就觉得，呃，有些话讲得就等于年轻人不那么爱护，有些年轻人可能也赌气了，也不让，所以有的时候呃也激起一些矛盾。（84 岁，男

性)

（2）大孙女呢，唉，她原来是在嗯南昌市外国语学校，就在海关那个地方，晓得吧？（81 岁，男性）

（3）现在的生活状况，呃，就是退休，就是休息，呵呵，现在就是休息。唉，唉，日常比较多的就是读书看报，嗯，是一种常态，嗯，也是一种生活方式。（76 岁，男性）

一、"呃"类填塞语的界定

"呃、嗯、唉"在口语表达中比较常见。关于"呃、嗯、唉"的性质，根据《现代汉语词典》的解释：呃（è）是叹词，表感叹、提醒；呃（e）是助词，用于句末，表赞叹或惊异语气。嗯（ńg/ń）是叹词，表疑问；嗯（ǹg）是叹词，表应答。唉（āi）是叹词，表应答和叹息；唉（ài）是叹词，表伤感或惋惜。也有学者认为此类词具有话语标记功能，殷治纲、李爱军（2007）认为"嗯"具有思索填词、应声回执、简单确认、感叹、强调、忽然明白、开启话题、出乎意料、难以归类、忽然想起、奇怪、自我确认、修正口误、征求意见、自我反问、否定回答、请求重复、请求回答等 18 种话语功能。我们在老年人口语语料中发现，大量的"呃、嗯、唉"等词语具有明显的填塞性用法，它们没有明显主动的交际价值，既不表感叹、疑问，也不表应答、叹息，只是填塞在话语中的冗余成分。如：

（4）我说音，唱歌嘛，要讲究音质，音色，唉，总要听起来感到感到优美，呃，这个像说话一样的，呃呃呃呃"一把火一把火"这样的，啥玩意儿啊，呃呃呃呃"妈妈你好吗？爸爸你好吗？"这也算歌曲？（78 岁，男性）

（5）中午噶就午睡，呵呵呵，唉::午睡两点半左右起来吧，唉::如果没有别的什么这个应酬的话呢，又是看咯，要么看电视，要么看书，呃::这个，看到，唉::看到吃晚。(71岁，男性)

(6) 我，现在日常生活，我，我已经80多了撒，嗯，现在嗯嗯，除了自己还能够，嗯生活，还还能够，基本上能够自理啰，是吧？但是全是靠我老伴。(82岁，男性)

上述例（4）至（6）中的"呃、嗯、唉"既不是叹词，也不是语气词，也不能定性为话语标记，因为它们根本就不是说话者有意为之的积极言语行为，而是说话者不自觉的或不可控的言语表现，当为填塞语。

上节已述，此类填塞语常表现出六个主要特点：第一，语义完全虚化，不再具有主动交际价值，删除之后不但不影响语义的传达，反而还会使句子更顺畅；第二，发音轻短含糊，都是念低平调，音高在22调和33调之间，没有其他声调特征；第三，出现频率较高，有时一个句子中还多处出现，还可以多个连用；第四，在句中位置灵活，可以出现在句首、句中，甚至句尾；第五，句法相对独立，不跟前后任何句法成分发生关系；第六，是说话人不自觉的言语习惯，不具有任何主观可控的语篇功能。第六点明显区别于话语标记，话语标记一般也具有语义虚化、语音含糊、使用频率高、位置灵活、句法独立等特征，但话语标记往往是一种主观可控性行为，是说话人对自身话语进行主观调控而采取的话语策略，具有某种特定的语篇功能。上边例（1）至（6）中的"呃、嗯、唉"都具有填塞语的特点。填塞语只是一种语音的填塞，并无实际语义内容，因此"呃""嗯""唉"三者之间并没有太大的差异，只是由于不同说话者的语言习惯不同而产生了三个不同的词语形式而已，而且这些词语形式在书写上也并不固定，"呃"写成"额"，"唉"写成"哎"，都可以，能以我们统称为"呃"类填塞语。

二、"呃"类填塞语的语形表现

（一）"呃"类填塞语的话语形式

"呃"类填塞语在话语中以单个形式出现为主，但也经常出现两个甚至多个填塞语连用的情况。如：

（7）这个是娱乐界的一些人，啊有呃呃呃谁跟谁闹矛盾啊，什么呃，不看！这个倒不是乌七八糟，它这个呃呃请律师啊，打笔仗啊，讨好民，归用民意呀，这帮唉唉唉唉唉不看。（78岁，男性）

（8）我，我已经80多了撒，嗯，现在嗯嗯，除了自己还能够，嗯生活，还还能够，基本上能够自理喽。（82岁，男性）

上述例（7）（8）中"唉、呃、嗯"都是连用，连用次数最多的达到了5次。"唉""呃""嗯"相互之间也可以连用，还可以与"这个""什么"等填塞语连用。如：

（9）3路车嘞，就在这边，师大左::右手啊门口过来点点，那里有车站::呃，唉，方还是蛮方便啦。（87岁，男性）

（10）菜我就比较多吃一点，没有什么营养的菜，就是::很少，也很少，嗯，那个，嗯那个弄菜呢，一般来说是保姆弄。（90岁，女性）

（11）这个，这个唉年轻的时候哪，根本就不注意什么什么什么呃呃呃什么保健品咯，噶现在注意咯。（78岁，男性）

"呃"类填塞语在话语中一般是独立成分，不和前后成分有任何语义和语法上的关系，在语流中前后一般有停顿，书面上可以用标点符号把前后成分隔开，但有时"呃"类词语前后也会不出现停顿。如：

（12）拿着这个水，这个水管呢，对着他毛巾啊洗，哎呀，搞了好多水，我站在旁边看了看了难过，我说唉我说你这样洗毛巾的啊。（78岁，男性）

（13）还有一个是，现在在嗯，这个东莞的一个理工大学，可是他在文学院的呃中文系当系主任。（79岁，女性）

这些"呃"类填塞语虽然与前后成分连在一起，却与前后成分没有任何语义和语法上的关系，都是独立成分。

（二）"呃"类填塞语的话语位置

"呃"类填塞语常出现于话语单元开始的时候，从语篇和句法序列的角度看，可以出现于语篇的开头，相当于一个发语词，也可以出现于复句的两个分句之间，最主要的是出现于语篇内部单句的句首。如：

（14）访谈人：请您聊聊日常生活情况。

访谈对象：呃，讲退休以后呵，是吧？从退休开始是吧？（80岁，男性）

（15）噶我就讲我说家属在江西，如果我调到了新单位我再提出调动就很不方便。我说如果组织上允许，呃，我还是要，还是要回江西。（80岁，男性）

（16）我就到这里来以后我，就一直在这里。唉，我，永远记得这样的一幕，我上火车的时候，系里边的那个，你想想现在系里老师哪里还送你上火车啊，不可能。（80岁，女性）

上边例（14）至（16）中的"呃"类填塞语分别出现在语篇的开头、假设复句的后一个分句之前、语篇内部单句的句首。

"呃"类填塞语还可以出现在句子内部某些成分之间。如：

（17）前::前不久我在二附院住院，住，有一点不好，住了一下院。站在那个呃十一十二层吧，早晚在这个上面站::站的看

一下，下边真是车水马龙。（88 岁，女性）

（18）读书的时候嘞，呃::家里没有人认字是啊。（80 岁，女性）

（19）在南昌的亲戚很少，一般呢都是同事，唉，朋友，这方面的多起来，我的亲戚什么的都在景德镇。（89 岁，男性）

（20）我也::呃::不太愿意搞行政，不愿意再搞下去。（80 岁，男性）

如果"呃"类填塞语前后都没有出现停顿，那明显可以判断是出现于句子内部，如果前面或后面出现了停顿，那就根据语义来判断其是否处于句子内部。上例（17）的"呃"明显处于句内介宾之间，例（18）的"呃"处于句首状语之后，例（19）的"唉"处于联合短语之间，例（20）的"呃"处于主谓语之间，都属于句子内部的某个位置。

"呃"类填塞语有时还出现于词语中间，但这种情况相对比较少见。如：

（21）有生的开始，有死的终点，所以这个必然的这个是我们的观点呵，那么这个世唉这个世界上咧::我们看到的这个宇宙之间那么复杂，但是又那么规律。（87 岁，女性）

（22）唉::这个我的这个，呃::呃刚才谈到这个饮呃，饮呃，饮食习惯，我这个对这个饮食比较马虎一点，唉，吃得比较清清淡一点。（71 岁，男性）

例（21）的"唉"出现于词语"世界"中间，例（22）的"呃"出现于词语"饮食习惯"之间，不过这两个词语的第一个语素都重复了。

"呃"类填塞语还会出现于词语后面和句子末尾，其中出现于词语后面比较常见。如：

（23）呃那个省委里面的那个宣传部部长、××部长还做报告，那时候我是班长唉，就是动员报师范。（80 岁，女性）

（24）呃，开一届俄语会，哎哟，我那些学生看到我真是亲热得不得了，我也激动哪，嗯。（88 岁，女性）

例（23）的"唉"之前没有任何停顿，这种情况我们判断为词的后面。例（24）"嗯"前虽然有停顿，但因为说话者的语义表达完成了，此话语结束了，所以"嗯"明显处于句子末尾。

总之，"呃"类填塞语可以处于句首、句内（词内）、词后（句末），但从出现频率看，出现于句首比较常见。我们随机统计了四位老人话语中"呃"类填塞语的话语位置分布情况。四位老人话语的基本情况如下：一位 80 岁男性老人，在 7400 余字的话语中，出现"唉"1 次、"呃"98 次、"嗯"4 次，总计 103 次；一位 80 岁女性老人，在 10500 余字的话语中，出现"唉"49 次、"呃"42 次、"嗯"1 次，总计 92 次；一位 89 岁男性老人，在 5000 余字的话语中，出现"唉"62 次、"嗯"4 次，没有出现"呃"，总计 66 次；一位 88 岁女性老人，在 6700 余字的话语中，出现"唉"13 次、"呃"38 次、"嗯"12 次，总计 63 次。这四位老人话语中"呃"类填塞语的位置分布频率特征如表 4 - 2 - 1：

表 4 - 2 - 1

受访人	填塞语总次数	句首		句内（词内）		词后（句末）	
		次数	占比（%）	次数	占比（%）	次数	占比（%）
80 岁，男性	103	60	58.3	29	28.2	14	13.6
80 岁，女性	92	62	67.4	11	12.0	19	20.7
89 岁，男性	66	57	86.4	7	11.3	2	3.0
88 岁，女性	63	50	79.4	7	11.1	6	9.5
总计	324	229	70.6	54	16.7	41	12.7

从表 4－2－1 统计数据可以看出，"呃"类填塞语出现于句首最常见，频率最低的也达到了 58.3%，频率高的竟达到了 86.4%，平均百分比也达到了 70.6%。有意思的是，90 来岁的老人比 80 来岁的老人出现在句首的平均频率要高出约 20 个百分点。"呃"类填塞语出现于句内（词内）占比 16.7%，比例略高于出现于词后（句末）的情况。

三、"呃"类填塞语的填塞类型

填塞语是填塞在话语中的冗余性成分，往往是说话者无意识或不可控的言语行为，因此不能体现说话人主观的语用目的，但是从客观效果来看，填塞语往往会表现出不同的性质，据此我们把"呃"类填塞语分成三类。

（一）习惯性填塞语

习惯性填塞语指说话人在说话过程中不自觉地夹杂一些没有任何语用价值的填塞性成分，这些填塞性成分不是说话人有意为之的话语成分，往往是说话人无法自控的言语表现，基本上成了一种言语习惯，有点类似于口吃。如：

（25）我看不清楚，看不清楚，唉，这个看不清楚，反正认得的老师很多都在这，唉，在这里晒晒太阳，在这大家聊聊天，闲闲谈，闲谈，唉，聊聊天。（89 岁，男性）

（26）退休以后，也写了一些文章，写了些文章，噶就是把过去的成果啊，呃，好好地整理一下，所以，退休以后呃，呃，就整理出版了两本书。（80 岁，男性）

（27）但是就是腿不行了，呃，这个呃呃人老就先老腿，嘿嘿，唉这样就这样的，嗯。（87 岁，女性）

上边例（25）至（27）中的"唉、呃、嗯"都没有什么交际价值，纯粹是话语中的冗余成分，说话人基本无法自控。陈建民（1984）认为，有些人养成不良的说话习惯，一张嘴"这个这个""嗯嗯呀呀"等就不自觉地脱口而出，它们毫无表达作用，影响了语言的连贯性。"呃"类填塞语在性质上有点类似于口吃。口吃具有起始效应，即句子起始位置最容易发生口吃。布朗（Brown，1938）、夸灵顿（Quarrington，1965）等人的研究显示，句子前部的词比后部的词更容易发生不顺畅现象（disfluency），即口吃易发生于句首。上边我们的统计数据显示，"呃"类填塞语70%以上发生在句首，与口吃的位置有神合之处，所以我们认为，老年人口语中的很大一部分"呃"类填塞语是一种口吃式的表达习惯。两位80岁老人"呃"类填塞语出现于句首的占63%，而两位90来岁老人则达到了83%，可见超高龄老人口语中"呃"类填塞语表现出更明显的口吃式特征。

（二）延缓性填塞语

说话人在言语过程中有时会出现突然想不起某个目标词语的情况，此时往往会不自觉地说出"呃、唉""这个、那个""什么"等填塞性词语，从而客观上为大脑搜索目标词语赢得时间，这就是延缓性填塞语。如：

（28）硕士研究生毕业以后，在深圳，现在还在深圳工作，这是第二个小孩，第三个小孩是呃::上海政法大学毕业，学法律的。（80岁，男性）

（29）我就怕中风中风瘫痪了我就完了不如死了生不如死啊，是吧！呃，就很注意，很注意天天听那个那个呃::北京的养生堂，呃那个什么中央十台的健康之路。（88岁，女性）

（30）这个::这个唉年轻的时候呢，根本就不注意什么什么什么呃呃呃什么保健品咯，噶现在注意咯。（78岁，男性）

据心理语言学的研究，人脑中应该有一个心理词库（mental lexicon），在言语交际中，人们一般可以自由提取词库中的词，但到达一定年龄后，大脑开始老化，其某些机能开始衰退，大脑词库中的部分词汇会慢慢地被遗忘，在言语交际中词汇提取的效率会越来越低，提取速度会越来越慢，还常常出现话到嘴边而又说不出来的现象。这种词汇提取困难是老年人言语交际中的常见现象，部分"呃"类填塞语即为词汇提取困难的一种表现形式。例（28）说话人一时没想起"上海政法大学"这个词，从而不自觉地说了"呃"，而且"呃"带有拖音，明显延长了搜索目标词语的时间；例（29）（30）的"呃"与"那个""什么"等多个填塞性词语同时出现，很明显为说话人在大脑中搜索目标词语起到了延时作用。

（三）修正性填塞语

人们在言语交际过程中往往会出现口误，如果说话人意识到了口误的发生，就会进行修正，在口误修正过程中往往也会不自觉地使用"呃"类填塞语。如：

（31）教育发展也比较快，像那个，嗯，大概六十年代吧，六十年代，呃，哦，五十年代，五十年代末期，还只有我们江西师院这一个学校。（80岁，男性）

（32）我一进去，里面坐了七八个人，当时宣传部部长，副部长都在，谈，谈什么呢，一去就，就宣读那个任命，任命，当时有，有什么什么宜春农校的，呃，宜春，宜春，宜春农专的校长，有赣南医专的校长。（80岁，男性）

（33）就这样嘛，这个，确实鸡毛蒜皮的小事情，但是，我们还是应该提倡，老年人，唉，年轻人给老年人让座。（67岁，男性）

人脑中应有一个语言的自我监察与反馈机制，说话人对自己说出的话会进行自我审查，即对话语的正确性和得体性等方面进行判断，如果发现在某方面出现错误或不合适，就会进行即时的补救或更正，这就是口误修正。口误及口误修正现象在老年人言语交际中比较常见。例（31）说话人先说"教育发展比较快是六十年代"，但马上发现说错了，立即修正为"五十年代"，在修正话语之前就出现了填塞语"呃"，"呃"后的"哦"明显表示恍然大悟，意味着前面说错了，后面是修正的内容；例（32）情况类似，把"宜春农专"说成了"宜春农校"，修正语前出现了填塞语"呃"；例（33）把"年轻人"说成了"老年人"，修正语前出现了填塞语"唉"。

四、"呃"类填塞语的性质及年龄关联度分析

"呃"类填塞语是口语中的常见现象，其出现会在一定程度上造成表达的迟滞、不利落，影响表达的流畅性，属于口语非流利现象。作为口语非流利现象的"呃"类填塞语如果在语篇中出现过多，就会影响话语表述的顺畅性和清晰度。"呃"类填塞语不仅仅出现在老年人口语中，也出现在年轻人口语中，但相对来说老年人口语中出现频率更高。我们统计了不同年龄段老年人口语中"呃"类填塞语的出现频率，试图探究其与衰老的关联度，并进一步探讨口语非流利现象与老龄化之间的相关性。

我们利用 MyZiCiFreq（字词频率统计工具）统计各年龄段老人语料中的词数，通过人工统计各年龄段语料中出现"呃"类填塞语的数量（"呃"类词语的连用只算 1 次），然后算出"呃"类填塞语的出现频率。具体统计数据如下：

表 4 - 2 - 2

年龄段	语料词数	"唉"频次	"呃"频次	"嗯"频次	总频次	总频率	
85～89 岁	24333	221	87	49	357	1.46%	
80～84 岁	30939	122	379	110	611	1.97%	
75～79 岁	32556	238	262	80	580	1.78%	1.56%
70～74 岁	25942	290	141	29	460	2.12%	
65～69 岁	30174	169	59	26	254	1.06%	
35～45 岁	20439	102	83	54	239	1.17%	

从表 4 - 2 - 2 的统计数据大致可以得出如下几点结论：

第一，整体看来，老年人口语中出现"呃"类填塞语的频率要明显高于中年人，可见老年人口语流利度整体要低于中年人；

第二，65～69 岁老年人"呃"类填塞语的出现频率与中年人没有明显差别，可见这个年龄段老人的口语流利度并没有发生明显变化；

第三，70～74 岁老年人"呃"类填塞语的出现频率明显增加，可见这个年龄段是老年人口语流利度发生变化的重要转折点；

第四，75 岁以后，"呃"类填塞语的频率相比 70～74 岁年龄段有所降低，特别是 85～89 岁这个年龄段降低比较明显，对此我们推测，进入 85 岁以后，老年人的语言相对更为简单，其出现"呃"类填塞语等非流利现象也更少。

为了对老年人口语中"呃"类填塞语的出现情况有一个更全面的把握，我们把所有老年人口语中"呃"类填塞语的出现频率制图如下：

图 4 - 2 - 1 中浅灰色纵轴表年龄，深灰色纵轴表"呃"类填塞语的出现频率（%）；横轴数字表人员编号，其中 1～10 号表示 65～69 岁的 10 位老人，11～20 号表示 70～74 岁的 10 位老人，21～30 号表示 75～79 岁的 10 位老人，31～40 号表示 80～84 岁的 10 位老人，41～50

号表示85~89岁的10位老人。黑色的斜线表示趋势线。通过图4-2-1我们可以得出如下几点结论:

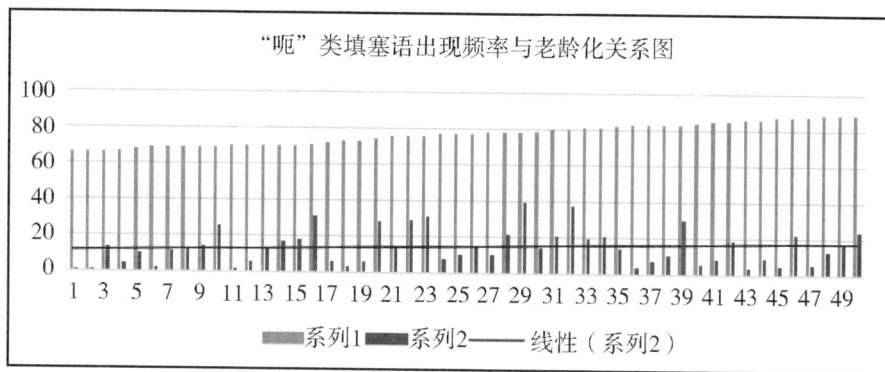

图4-2-1

第一,从"呃"类填塞语出现频率的基本趋势来看,随着年龄的增加,"呃"类填塞语的出现频率整体上呈上升趋势。

第二,老年人"呃"类填塞语出现频率数据在趋势线以上的,65~69岁组只有3位,70~74岁组有4位,75~79岁组有4位,80~84岁组有5位,85~89岁组有3位;频率在2%以上的65~69岁组只有1位,70~74岁组有2位,75~79岁组有4位,80~84岁组有4位,85~89岁组有2位。可见,"呃"类填塞语的高频率出现与老龄化基本具有正相关性,年龄越大,高频率出现的比率越高,但85~89岁这个年龄段是例外。

第三,"呃"类填塞语的出现频率有较明显的个体差异,低龄老人中有出现"呃"类填塞语频率很高的情况,高龄老人也有出现"呃"类填塞语频率很低的情况。

总之,通过上边的表和图可以得出如下结论:"呃"类填塞语不仅出现于老年人口语中,年轻人口语中也一样出现,但老年人口语中的出现频率明显高于年轻人,而且出现频率与老龄化基本具有正相关性,年龄越大，出现频率越高，特别是高频率使用"呃"类填塞语的比率越高，其中70～74岁这个年龄段出现频率增高明显，可见老年人口语流利度要低于年轻人，其中70～74岁可能是老年人口语流利度下降的一个重要转折点。

第五章

话语缺损与口误现象

第一节　话语缺损现象

在老年人口语表达中，常常会出现话语缺损现象，即话语中的某个词、短语、固定结构、小句或篇章出现必有组构成分缺失的现象。如：

> 你，你闯红灯以后，有几个问题，<u>第一呢</u>，你阻碍交通，出了事你是要承当责任的，<u>还是要（　）</u>，国家呢（　），如果说私人搞的，要赔偿要什么东西，要耽误几多精力啊，是吧？又是打官司啊，又是什么东西啊，耽误几多精力啊，又何必不等这两秒，两三秒呢，是不是啊？所以我跟你讲，这个东西啊我非常反感的，非常反感的。噶这个，<u>这些青年人啊（　）</u>，有的，有的，老太婆，<u>也</u>，老太爷，他也喜欢乱闯，看着<u>哎呀一拐弯（　）</u>，我们有时候从那边过，我去那个彭家桥市场买菜，首先不是要过这个马路啦。（85岁，男性）

上边是一位85岁老人说的一段话，总共只有230来字，却出现5处缺损现象：第一，从篇章关系看，说话人先说"有几个问题"，但说完"第一"之后就再没有"第二""第三"了，这从逻辑上看是不完整的，属于篇章成分的缺损；第二，"还是要"，这是一个句法上的及物性结构，后边一定要带宾语，从语境看，可能是"小心"，这是句子成分的缺损；第三，"国家呢"，从语境可以看出，说话人想表达的意思就是对于闯红灯这个事国家应该采取一些措施，但说完"国家"就没有下文的陈述了，然后话题转向了"私人"，留下了缺损的话语形式；第四，"这些青年人啊……"作者想表达的意思应该是"青年人喜欢乱闯，老头老太也喜欢乱闯"，"青年人喜欢乱闯"应该是一个完整的主谓句，"青年人"是独立的施事主体，但其后边的谓语成分"乱闯"缺损了；第五，"看着哎呀一拐弯"，这里应该是"一……就"的句法结构，表示两个动作先后紧接着发生，但前一个动词"拐弯"说完后就戛然而止，后边的动词缺损了。

一、话语缺损的结构分析

从结构特征来看，老年人口语中的缺损主要包括词语缺损、固定结构缺损、句子成分缺损以及篇章成分缺损四种情况。

（一）词语缺损

说话中某个词或短语的某一构成成分没有说出来，从而造成词语在结构上不完整，即为词语的缺损。如：

（1）南昌我是快解放回南昌，我江西人。抗战的时（ ）时（ ）我在重庆，解放战争的时候我在南京，就是一九四九年快解放就回老家来啦。（81 岁，男性）

（2）所以我，懂事了以（ ）就是等我懂事了以后，我就知道这个整个的经过，所以我，说实在的话，比较勤快，在家里什么事都会都会做。（80 岁，女性）

（3）所以这个闯红灯的话，来自哪里呢？你就缺（ ），从社

会来讲，从国家来讲，你缺乏这种公民的教育。(93 岁，男性)

（4）省里面……就把我一调，调到调到石家庄，石家庄河北省有一个师范院校叫作石家庄（　），就原来叫石家庄师范学院，现在就是河北师范大学。(男性，80 岁)

例（1）的"抗战的时（　）时（　）"，应该是"抗战的时候时候"，名词"时候"的"候"缺损了；例（2）（3）情况一样，"以后"和"缺乏"的后一个语素"后"和"乏"缺损了；例（4）是专有名词"石家庄师范学院"中的"师范学院"缺损。

从词类属性来看，缺损词语以名词为主，也包括动词、形容词、副词、介词等。我们在近 20 万字的语料中，共发现缺损词语 36 例，其中名词有 27 个，占所有缺损词语的 75%，比如："财（经）、商（业）、影（片）、材（料）、耳（朵）、贵（族）、土（话）、火（车）、江（西）"等；其次是动词，共 5 个，如"缺（乏）、住（院）"等；另外还有形容词、副词、介词，共 4 个。

（二）固定结构缺损

语言中有一些固定结构或习惯组合，在使用中往往是整体出现的，如果某一个部分没有出现就造成了缺损现象。如：

（5）唉，你，你，你这样反而搞得人家不高兴，你人为地制造那样一个东西，本来就是个形式主义，就是填个表的手续，你就让让人家填个表不就就就（　），该咋办咋办，是不，就这样一个小事情，嘿嘿。(80 岁，男性)

（6）我们的人生观是怎么样，人活着不是为自己活，应该在社会在社会活动（　）我们也要尽自己的力量该做的事，是吧。(87 岁，女性)

例（5）是一个固定结构"V 就完了/得了"，说话者想表达的是

"让人家填个表不就完了/得了",但后边的"完了/得了"缺损了;例(5)"在……中"是固定表达,本句缺损了"中"。从语料分析来看,老年人口语中出现固定结构缺损的情况并不是很多。

（三）句子缺损

话语的基本单位是句子,句子的基本构成单位是句子成分。在老年人口语中经常出现句子缺损的情况,即句子中某个应该具备的句法成分丢失了,其中以谓语的缺损最为常见,其次是宾语缺损,补语和状语也出现缺损情况。

1. 谓语缺损

谓语缺损是句子成分缺损的主要形式,如下边的例子都是谓语缺损。

（7）我我指导的硕士研究生,有四个在国外,唉,有两个（　），一个在,一个在上海复旦大学,一个在啊福州大学,啊福建福州大学,有六个,我这里,我那个时候这里只能（　）,硕士他六个人硕士毕业以后一起读了博士,一起读博士。（80岁,男性）

（8）因为这个季节不一样,是吧,呃,这个,起来,起来以后,呃,吃早饭,现在冬天,现在这个季节性啊,也比较（　）,这个吃完早饭以后,这个,这个吃完以后,听听收音机,听听广播。（80岁,男性）

例（7）的第一个划线处,先说"有四个在国外",后说"有两个",很明显前后对照,后边应该是"有两个在国内",谓语成分"在国内"缺损了;第二处划线"我那个时候只能"很明显话没有说完,缺损了谓语动词,根据上下文语境推测,缺损的成分可能是"带六个"。例（8）"现在这个季节性也比较"很明显也缺损了谓语动词,具体是什么词很难判断。

我们对所有缺损谓语的句子进行分析发现,缺损的谓语从结构上看主要包括三种情况：一是复杂的谓词性短语，二是单独作谓语的光杆谓词，三是动宾短语的动词。如：

（9）那个为富不仁的不可以，你富，富了以后你要（ ），人家这个富人，像西方国家人家富了以后他到最后我财产全部拿出来做公益事业，是吧？（80岁，男性）

（10）有的年轻人吃完乱扔，唉，不要乱扔垃圾啊，我就讲唉，唉，我说下次注意点嘞，我说环卫工人也很辛苦，我就这么讲啊，你是当时，听到我（ ），他就，有一个有一个印象吧，下次他就不会这样。（80岁，男性）

（11）江西跟全国讲起来，差距比较大的，全国的，城镇居民收入四万多，江西总的两万不到，一万九千多，差一半啊，是吧，一半，过去技术落后，我们的工业不如人家，各方面（ ）人家，所以现在我们也产生麻烦。（80岁，男性）

例（9）依语境推测，划线部分可能是"富了以后你要帮人家"，但整个谓语部分"帮人家"都缺损了；例（10）划线部分应该是"听到我讲"，但谓语动词"讲"缺损了；例（11）依据语境判断，划线部分应该是"各方面不如人家"，但谓语动词"不如"缺损了，即"动宾"结构中缺损了动词。谓语缺损的主要形式是如例（9）（10）这样的谓语整体缺损，而例（11）这样缺损动词而又出现宾语的情况非常少见。

2. 宾语缺损

在句子成分的缺损中，最常见是谓语缺损，但宾语缺损也不少见。从结构上看，宾语缺损可能是整个宾语缺损，也可能是宾语中心语缺损；从类型上看，可能是动词宾语的缺损，也可能是介词宾语的缺损。如：

（12）本来是本来是，有个钟点工，就要就要给锁匙给她，完了以后她做（　），完完了以后嗳，那这个之前呢，我也散散步，反正要把锁匙给她，锁匙以前我散散步，给她以后呢再散散步。（80岁，男性）

（13）从我来讲，分到高等学校，还是比较好，还是一个比较重要的（　）。1956年，为了提高师院的教学水平，56年我又到中央美院，56年我又到北京去进修了一年。（83岁，男性）

（14）你看你们学生也这样有好多也也也会看到这个情况，嗳，经常看到吧，嗳你现在就比比（　）好多了吧，所以现在南昌的风气正在转。（80岁，男性）

例（12）缺损了光杆宾语"饭"；例（13）划线部分依语境推断应该是"还是一个比较重要的地方"，但宾语中心语"地方"缺损了；例（14）很明显缺损了介词宾语"过去"。

3. 补语、状语缺损

除了谓语缺损、宾语缺损之外，语料中也出现少量补语缺损、状语缺损的情况。如：

（15）我是没有职称的，我是一个行政一个行政那个呃行政干部，呃所以有职称的呢工资长得就（　），当时来讲因为过去有职称的对于评老师呃工资是压得比较低的，压得比较低的，这个事实我们应该清楚。（83岁，男性）

（16）声音耳朵不太好。（调查人：这个字看得清吗?）看得（　），看得（　）。请聊聊您现在的日常生活状况、饮食起居习惯、儿女。你们这个是研究什么的？（83岁，男性）

（17）你可以教育他嘛，你也将来也会老嗳，你要理解老人家的事嗳，老人家劲力（　）方便，脚力也脚力都不行，站又站不稳。（85岁，男性）

例（15）（16）都是补语的缺损，依语境可知，完整的表述应该是

"工资长得就快""看得清"，但其补语"快"和"清"都缺损了；例（17）是状语的缺损，说话人的本意是"劲力不方便"，但状语"不"缺损了。

（四）篇章结构缺损

一般认为，句子是句法构造的最大单位，比句子更大的话语形式被视为篇章问题。篇章涉及的方面非常多，句子之间、句群之间、段落之间的衔接、关联、照应等都属于篇章的范围。篇章结构缺损的常见表现形式是说了前句没后句，造成表意不完全。如：

（18）所以老年人嘞，一般不太敢到马路上去，像我一般哩，我我出去散步有几个原则：一个尽可能不要过马路，那现在大马路倒不怕，必要的大马路我是敢，因为那个摄像头好严呐，你完全可以拍下来。（80岁，男性）

（19）你看最近打老虎打得多了，现在打了打了十一个十二个啦，如果打不下去，不了了之了，或者拖拖下去，（　）。所以你看八项规定完了以后一定要规定，一定要这个弄到底啊，现在哪个都不敢，做工作要考虑考虑，是吧。（80岁，男性）

（20）所以闯红灯的问题啊不是一下子就能改得好的，唉，随着人们的素质提高，这个交通情况的改（善），（　）。闯红灯跟当地的这个交通状况也有关系嘞，是吧，如果你能够控制这个车辆的速度，唉，能够这个增加一点这个这个道路的这个这个这个空间唉。人家就就不会嘛，是不是。（80岁，男性）

例（18）说话人先说"有几个原则"，但只说了一个原则，即"尽可能不要过马路"，之后就没有再说其他原则了，从而造成篇章缺损；例（19）是"如果……那么……"的假设复句，很明显说话人说完"如果"始发句之后，忘记说"那么"后续句了，从而造成篇章缺损。例（20）是"随着……，s"句式，依语境可以判断，说话人想表达的意思应该是"随着人们素质的提高，交通情况的改善，闯红灯的人会越来越少"，但说完前半部分就忘了说后半部分，而转向了其他问题，从而出现了篇章缺损。

总之，老年人话语缺损从结构来看包括词语缺损、固定结构缺损、句子缺损和篇章结构缺损。各种缺损情况所出现的比率不一样，我们在近 20 万字的语料中共搜索到话语缺损的实例 227 个，其中词语缺损 36 例，固定结构缺损 4 例，句子缺损 181 例，篇章结构缺损 6 例，很明显最多的是句子缺损，占 78%，其次是词语缺损，占 16%。

二、缺损话语的信息损耗分析

语言是传递信息的重要工具，语言结构的任何组成部分都承载了特定的信息内容。语言结构所承载的信息内容应该分成两类，一是科学信息，二是言语信息。语言结构的科学信息指对语言结构的每一个组成部分进行严格科学分析所得出的信息含量，语义学上的义素分析法所分析出来的信息就是科学信息；语言结构的言语信息指在言语交际过程中所传递出来的信息。科学信息是严密而精确的，言语信息则往往带有一定的临时性和模糊性。人们常说，语言最本质的功能是传递信息，或者说语言是人类传递信息的最重要载体。这句话所说的信息往往指的就是言语信息。毋庸置疑，任何言语信息都依附于特定的语言结构，但并不是语言结构中的任何成分都承载重要的信息内容，加之言语信息具有一定的临时性、模糊性和整体性，所以并不是任何话语结构的缺损都会导致言语信息的损耗。老年人话语缺损的四种类型在实际言语交际过程中信息损耗情况各不相同。

（一）词语和固定结构缺损的信息损耗分析

词语是句子最基础的构成单位，也是语言传递信息的最小承载单位，也就是说，在言语交际中，任何一个词语都承载了一定的信息量，而词语的信息是由其构词语素所负载的，词语中每一个构词语素的缺损都可能造成信息的损耗，比如，"张三昨天去了北（　）"，很明显作为目的地的名词"北（　）"是一个缺损形式，如果离开了语境，听话人很难理解这个目的地到底是哪里，可能是"北京""北方""北戴河""北非""北极""北欧"等。但是人们在接受语言所传递的信息时，并不是一个语素一个语素地去接受和理解，而是把词语作为一个整体来理解和接受，甚至会联系词语所依托的句子以及整个交际语境来接受和理解，所以在很多情况下，词语中构成语素的缺损一般不太会影响信息的传递。如：

（21）江西物产也还可以，其他也还可以，但是也封闭，封闭，看，该怎么说呢，封（　），所以就封闭就是不那么时（　），不那么赶潮，潮流呀，其（　）就是这么个情况。（88岁，男性）

（22）老二就是搞经商，学财（　），搞这搞商（　）这方面的，还在读书，就在美国一个什么大学我记不清名字，反正美国是一个最最有名的学校还在那里读书，还没毕业。（92岁，女性）

（23）嗯，他们讲的我能够做的我也做一点，不可能全部都做，所以饮食起居很注意，现在你像早晨，我都吃了洋葱，我怕说话都有口（　）。早餐一定要三大元素：就是，蛋白质、淀粉还有维生素。（88岁，女性）

上边例句中，缺损的语素一般不太会造成信息的损耗，不会影响正常的交流，听话人都能根据语境判断出缺损词语的完整形式，分别是"封闭""时髦""其他""财经""商业""口臭"。

我们统计了近20万字的老年人语料，共发现36例词语缺损的情况，根据我们对语料的考察，这些缺损的词语基本上都不会造成明显的信息损耗，不影响正常的交流。有的词语缺损孤立地看很明显造成了信息的损耗，但在语境中都不会造成交际障碍。

固定结构的缺损一般也不会造成明显的信息损耗。

固定结构是人们在长期的言语交际过程中形成的结构比较定型的话语形式，如本节例（5）（6）中的"……不就完/得了""在……中"，这些固定结构所承载的基本信息模式已经根深蒂固地存在于母语使用者的大脑中，所以在说话过程中，某些成分的缺损并不会影响听话人对该结构主要信息内容的接受。诚如萧国政（2001）所言，人们说话是为了传递信息，听话是为了获取信息。从表面上看语言是一种形式，人们的交际过程是输出形式和接受形式，但实质上，在使用语言中说话人是在通过语言形式把信息传递出去，听话人则是通过语言形式把信息提取出来，当信息交流完成时语形往往被扔掉了，就像有的人所说的，是"得其意忘其形"（这里的"意"就是信息）。因此，绝大多数人的交流，记住的是信息而不是语言形式，当一个人转达别人的意思的时候，常常转达的是别人要求其转达的信息而不一定还用原来的句子。正是在这个意义上，如果人们对固定结构所承载的基本信息已经有了先入性的心理准备，那么这些结构中某些形式成分的缺损则往往不会影响信息的传递。而在上述例（5）（6）中两个固定结构的"完/得了""中"都属于结构的形式成分，也许在结构形成之初这些成分都承载了很重要的信息内容，但是当结构已经完全定型了之后，这些成分就基本上变成了纯粹的形式性东西，不再承载明显的信息内容，所以这些成分的缺损一般也就不会造成明显的信息损耗，不影响正常的言语交际。

（二）句子缺损的信息损耗分析

老年人话语的句子缺损主要表现为谓语、宾语、补语和状语四种句子成分的缺损，这些句子成分的缺损是否会造成信息的明显损耗呢？从语料分析来看，有的会造成信息的明显损耗，有的则不会影响信息的传递。

1. 谓语缺损的信息损耗

谓语是句子的核心成分，它负载了比较重要的信息内容，所以谓语的缺损很容易造成信息的损耗，但有时也可以通过上下文语境来弥补这种损耗。如：

（24）所以这个东西（注：指遵守交通规则），我们跟不上，是吧？所以，可能，我估计可能要是再过十年二十年，那可能这个规矩，大家就会<u>很自觉地（ ）</u>，是吧。（82岁，男性）

（25）这个反正每一天呢这个江西电视台晚上都看的，中午看凤凰台，凤凰台这个这个，是，这个这个都看，晚上以后，这个这个，晚上嗳，<u>好的电视就看一看，不好的这个（ ）</u>，稍微，反正乱拨，拨了以后到九点多以后十点多就睡觉。（80岁，男性）

（26）中国式的过马路，晓得吧？唉，这个，反对中国式的闯红灯，反对中国式的过马路，就是闯红灯。所以嘞，<u>这个一个一个地方啊（ ）</u>，闯红灯我也很注意，上海北京南京也有，唉，也有，但是它管得比较好，唉。（80岁，男性）

上边例子都缺损了谓语，但其信息损耗情况不一样。例（24）尽管缺失了谓语中心成分，但听话人根据句子的基本语势很容易明白缺失的谓语是"遵守"，所以尽管本句的科学信息受损了，但其言语信息损耗并不明显。例（25）划线的句子很明显缺失谓语，使本句的信息残缺不全，但从后文的语境中可以推测，缺失的谓语应该是"就不看"，换句话说，本句的科学信息和言语信息都有明显损耗，但其言语信息的损耗在篇章语境中可以弥补。例（26）"一个地方"应该是说话人发起的一个新的话题，或者说是主语，从常理来说，说话人应该做一番评论，但这里缺损了，听话人无法知道其内容，即使联系语境也无法明白其所指，信息传递明显受阻，换句话说，言语信息损耗非常明显。

由例（24）至（26）可以看出，谓语的缺损有的会造成言语信息的明显损耗，也有的可以通过语境来弥补这些损耗的信息，目前无法对这种差异进行深入的分析解释，只是通过数据把基本规律找出来。我们共找到 102 例谓语缺损的例子，经过仔细辨析，发现造成明显的言语信息损耗、影响信息传递的有 64 例，约占 63%。

2. 宾语缺损的信息损耗

一般认为，句子的信息结构遵循"重心在尾原则"，即句子的信息编排往往是从旧到新，越靠近句末，信息内容就越新。宾语一般都处于句子的末尾，所以，一般说来宾语都承载了比较重的信息内容，也就是说宾语的缺损很容易造成信息的损耗，当然在特定的语境中其缺损的信息也可以有一定的弥补。如：

（27）你看还一个，我一个化学系的，也是我也是我带的一个带的一个学生，心理学我教的，现在在 XX 一中当副校长，这个唐 XX，现在去问下还在，唐 XX，唉，唐 XX，也是我的（　），化学系，到现在二十多年我们都有联系。（80 岁，男性）

（28）现在年轻人啊，往往因为也是有这样有原因的，独生子女多，独生子女都一般来呢就父母溺爱，家庭溺爱，家庭一溺爱的话就就比较娇，所以养成了就是（　），还有一、一个问题嘞，就所以现在我听到这个放二胎啊我很高兴，应该如此。（93 岁，男性）

（29）宜春大学是我记忆的一个重点，这是我生活一个（　），宜春大学，中山大学是我永生忘记不了的，培养我的母校。（87 岁，男性）

上边例（27）至（29）都是宾语的缺损，都造成了信息的损耗，但有的可以在语境中弥补。例（27）缺失了宾语中心成分，但依据语境可以知道应该是"学生"，也就是说本句虽然科学信息受损，但言语信息并没有明显损耗。例（28）也缺失了宾语，但根据语境可以大概推测出说话人的使用词语，指"娇生惯养"一类的贬斥性词语，当然具体是什么词也不好确定，总之，其言语信息有一定损耗但还不至于影响交际。例（29）也缺失了宾语中心成分，即使根据语境也没办法知道说话人要表达的意思是什么，也就是说其信息传递损耗非常明显。

我们分析了全部 69 例宾语缺损的句子，造成了明显的言语信息损耗、影响听话人信息接收的情况只有 26 例，约占 38%。

3. 补语和状语缺损的信息损耗

补语和状语都是谓语动词的补充性成分，其所承载的都是一些辅助性的信息内容，即使缺损了一般也不会造成主要信息的损耗。如：

（30）我讲呢我们吃 200 左右那个那个那个钱咯，好吧，也不要吃太差也不要吃（　　），结果我儿子就讲，200 块钱，200 块钱能吃到什么东西咯。（83 岁，男性）

（31）他在就在，马路上走，一直，随便走路，在马路上走，马路上走路，就等于一辆车子当时就（　　）撞了。（92 岁，女性）

上边例（30）（31）是补语和状语缺损的例子，依据语境不难判断缺损的词语应该是"太好""把他"，也就是说，补语和状语的缺损所造成的信息损耗都可以在语境中弥补。

我们仔细分析了补语缺损的 8 个例子和状语缺损的 2 个例子，发现在语境中都可以明白其意义，也就是说不影响其信息的传递。

通过上边分析可知，谓语缺损对信息的损耗最大，宾语次之，而补语和状语的缺损则不太会影响信息的传递，其中原因也容易理解。布拉格学派的创始人马泰休斯根据话语在具体上下文或语境中的交际目的，从信息论的角度，提出"主位"和"述位"两个术语，"主位"是叙述的出发点，是已知实事或公认的实事，所以不增加句子的信息量，句子的其他部分是"述位"，是叙述的核心，它包含了要传达给听话人的全部信息量。很明显，功能语法中的"主位"和"述位"就大致相当于结构语法中的主语部分和谓语部分，也就是说，谓语部分承载了需要传

137

递的全部新的信息，因此谓语的缺损会造成句子信息的明显损耗。宾语作为谓语部分的一个重要的组成部分，其缺损会影响到整个谓语部分的信息承载量，所以其缺损也经常会造成信息的明显损耗。补语和状语则都是句子的辅助性成分，其信息负载也是辅助性的，所以其缺损所造成的信息损耗很容易在语境中获得弥补。

（三）篇章结构缺损的信息损耗分析

篇章关系涉及句子之间、句群之间、段落之间的关系，其中最小的关系自然是句子之间的关系，老年人话语中篇章结构缺损主要表现为后续句子的缺失。句子是言语交际的最小单位，每一个句子都独自承载了一个完整的信息内容，这些内容不是上下句所能替代的，所以句子的缺损就一定会造成信息的损耗。如：

（32）当时讲为什么回来呢，就是就是我爱人是原来江西教育学院的一个老师，呃，当时我们结婚多年了，又没有生孩子，另外<u>老想调到哪里去呢？</u>调不去，所以我就要求回江西来，所以我就我就这样回来的。（83 岁，男性）

（33）所以我对南昌啊，怎么说嘞，我对南昌，<u>应该说，</u>那个，啊，我总记得，我，父亲曾经说过这么一句话，说南昌人一开口，就流里流气，痞里痞气。（90 岁，男性）

上边例句都是篇章缺损，造成了明显的信息损耗，例（32）"老想调到哪里去呢？"是一个自问自答的句子，说话人本应该自己回答这个问题，但并没有回答，所以听话人自然无从知道其想调去的地方，这个信息的损耗在上下文语境中也无法弥补，例（33）本是介绍自己对南昌的印象，但这些话语缺损了，而转向了父亲曾经说过的话，信息损耗也是无法弥补的。

上文分析显示，在我们的语料范围之内，词语、固定结构、补语、状语的缺损在语境中基本不造成信息损耗，也就是说不会影响正常的人际交往，但篇章结构的缺损会造成信息的明显损耗，一部分谓语、宾语的缺损也会造成信息的损耗，影响信息的传递。从数量特征来看，造成信息损耗的篇章结构缺损共 6 例，谓语缺损 64 例，宾语缺损 26 例，合计 96 例，占所有话语缺损的 42%，因此，我们可以得出结论，老年人话语结构成分的缺损对老年人信息的有效传递会有一定的影响。

三、话语缺损的基本特征及原因分析

（一）话语缺损的位置特征：右边界缺损倾向明显

话语缺损从结构类型上看主要包括四种情况：词语缺损，固定结构缺损，句子缺损，篇章结构缺损。从结构本身的构成来看，这些话语结构都属于复杂结构，复杂结构都有下一级的构成成分，所以一个复杂结构至少可以分出首部和尾部两个下位构成单位，有的甚至还可以分出首部、尾部和中部三个下位构成单位。因此，如果从缺损成分所处的结构位置来看，话语缺损就可以分成首部缺损、中部缺损和尾部缺损三种类型。语料分析显示，老年人话语缺损的一个最显著的倾向性特征就是以尾部成分缺损为主，即表现出明显的右边界缺损倾向。下边我们从数量差异上进行阐述。

我们深入分析了 80 岁到 93 岁的 26 位老人近 20 万字语料，共获得 227 个话语缺损的例子，发现缺损的主要是结构的右边界成分，下边是具体的数据情况。

第一，词语和固定结构缺损的右边界位置倾向。

在 20 万字的语料中，我们共发现词语缺损的例子 36 个，具体词目列举如下：

> 时（候），以（后），说（法），原（则），规（矩），栏（杆），江（西），混（蛋），红（灯），革（命），一（间），重

（点），英（语），口（臭），职（称），时（髦），年（底），火（车），耳（朵），贵（族），自（由），材（料），财（经），商（业），影（片），石家庄（师范学院），吵（架），下（放），知（道），住（院），缺（乏）；难（熬），封（闭）；慢（慢）；作（为）。

（广）播。

这些缺损词语，以名词为主，包括动词、形容词、副词、介词，不管什么词类，除了"广播"是词首语素缺损外，其他全是词尾语素的缺损，很明显，词尾性缺损是主流，超过了97%。

固定结构缺损的例子只发现4例，毫无例外全都是结构尾部成分的缺损。

第二，句子和篇章缺损的右边界位置倾向。

在20万字的语料中，我们共找到谓语缺损的例子102个，宾语缺损的例子69个，补语缺损的例子8个，状语缺损的例子2个，没有发现主语和定语缺损的例子。

谓语缺损，共102个例子，其中属于复杂谓语缺损的有62个，光杆谓语缺损的有37个，而缺损动宾结构中动词的只有3例。复杂谓语和光杆谓语就是都处于小句的句末，属于句尾性缺损，如前边例（9）（10）；动宾结构中动词的缺损属于句中性缺损，如前边例（11）。数量对比非常明显，句末性缺损占了97%，句中性缺损只占3%，表现出明显的右边界缺损的倾向性规律。

宾语缺损，包括动词宾语缺损和介词宾语缺损。从句法位置来看，动词宾语缺损一般属于句末性缺损，在语料中也没有发现有前置宾语缺损的情况，而介词宾语缺损大都属于句中性缺损。宾语缺损总共有69例，其中动词宾语缺损有66例，占96%，而介词宾语缺损只有3例，因此可以得出结论，宾语缺损以句末性缺损为主，即右边界倾向明显。

补语和状语的缺损，总共只发现 10 例，其中补语缺损 8 例，状语缺损 2 例。很明显，补语缺损属于句末性缺损，状语缺损属于句中性缺损，句末性缺损的比率也要远远高于句中性缺损。

总之，在所有 181 个句子缺损的例子中，没有出现句首性缺损的情况，句中性缺损只有 8 例，而句末性缺损有 173 例，句末性缺损的比率高达 96%，由此看来，句子的缺损以句末性缺损最为常见，表现出明显的右边界倾向。

篇章结构的缺损，一共 6 例。因为篇章缺损的主要表现就是说了前句忘了后句，所以不容置疑，都是属于尾部性缺损。

表 5 - 1 - 1 显示各类缺损的具体数据和比率：

表 5 - 1 - 1

		首部缺损	中部缺损	尾部缺损
词语缺损		1	0	35
固定结构缺损		0	0	4
句子缺损	谓语缺损	0	3	99
	宾语缺损	0	3	66
	状、补语缺损	0	2	8
篇章缺损		0	0	6
总数		1	8	218
所占比率		4%		96%

上边统计表 5 - 1 - 1 清楚显示，总共 227 个结构缺损的例子中，尾部缺损的有 218 例，比率达到 96%。据此判断，老年人话语缺损，在结构位置上表现出明显的右边界缺损的倾向性特征。

（二）话语缺损的深层原因：语言和思维脱节

为什么老年人话语中很容易出现结构缺损的情况呢？这其中应该有比较深层次的心理认知原因，主要原因可能是语言和思维的脱节，造成

"言不由衷""心口不一"。

语言和思维的关系是历史上一个悬而未决的哲学问题，不同学科不同学者对这个问题看法迥异，到目前为止也难以形成一个很有说服力的共识。如果避开语言和思维谁先谁后的本源问题，有一个事实应该是可以确定的，那就是语言反映和表达思维。按照福多尔（Fodor，1975）、皮亚杰（Piaget，1926）的说法，语言无非是移植在认知上面以表达独立于语言之外的思维。（桂诗春，2000）语言反映和表达思维，可以这样理解，外显的语言形式在大脑中都有一个思维的过程，换句话说，人们在说话之前或伴随说话的同时往往都有一个或长时间或短时间的思维活动。这个思维活动的过程在说某种不熟练的外语时比较明显，说话人往往需要先在大脑中组织好具体的词句后才说出来；但是在说母语时，这个思维活动因为非常短暂往往不容易被察觉，但这个思维活动一定是有的，在一些比较正式的场合或者面对一个比较复杂的话题时，说话人往往也需要事先进行语言的组织，这个时候的思维活动就比较明显。由此看来，对于一个正常的母语使用者，在普通的言语交际中，语言和思维基本是同步的，想到什么就可以说出什么，说出了什么是因为想到了什么。但事实上，语言和思维的关系非常复杂，我们在日常生活中也经常会发生语言和思维脱节的情况，就是说，想到什么不一定就说出了想到的内容，说出的内容不一定就真的是大脑中所想的内容（不包括讲假话），日常生活中经常发生的口误就有一部分属于此种情况。比如，甲乙两人在讨论晚上去哪里吃饭，二人之间发生了一段对话。

甲：今晚咱们去哪吃饭呢？

乙：去"柴米油盐"。

甲：哎哟，你不是一直喜欢去"菜肴故事"的吗？怎么今天改口味了？

乙：不是，说错了，是去"菜肴故事"。

　　从这段对话中不难看出，说话人"乙"心中想的是去"菜肴故事"吃饭，但说出来的却是去"柴米油盐"，这就出现"说的不是想的"，即"口不对心"的情况。至于为什么会出现这种情况，原因当然很复杂，需要心理学方面的深入研究，我们想说明的是语言和思维确实会出现脱节的情况。

　　语言和思维的脱节正是老年人话语缺损的一个非常重要的原因，其主要表现就是想到的内容并没有都说出来，从而出现了缺损，但说话人可能并没有意识到这种缺损情况的出现。看下边的例子：

　　（34）但这种方式，给我带来很大的呃，呃，副作用吧，就是胃呀或者是腰呀（　），好像跟这个有关系，前一段时间发作了，后来，我现在在比较注意。(79 岁，女性)

　　（35）读书是我们的生命寄托，读书是一种生命的寄托，你懂吧，一种生命的追求，我把他提高到这么一个（　），如果停止了读书，生命也就结束了。(87 岁，男性)

　　（36）在旧社会，在西方世界，到目前到我们这个社会主义社会，我的看法是什么呢？是吧？要录音是吧？（调查者：要给老师回去调研。）没关系，要汇报，哈哈哈。他们（儿女）都很好，嗯，我每天生活习惯都其实一样的，这个还要谈什么？(89 岁，男性)

　　例（34）中很明显说话人想说的是"胃呀或者是腰呀不好"，但说出来的却只有"胃呀或者是腰呀"，后边的谓语"不好"缺损了，说话人应该并没有察觉这种缺损，也就是说，语言和思维在这里脱节了，说的和想的不一致，所想到的并没有完全说出来。例（35）情况类似，缺损的是宾语，说话人心中想表达的应该是"提高到这么一个高度"，但"高度"没有说出来，语言和思维脱节。例（36）"我的看法是什么呢？"是一个自问自答句，说话人在自问的时候就一定想好了要回答的，因为这是说话人要表达自己的观点，但是，可能是受到干扰（调查者摆弄了一下录音设备），所以问完之后就没有再回答了，而是转向了其他问题，从而也造成了语言和思维的脱节，即想到的并没有完全说出来。

总之，我们认为，老年人话语结构缺损的主要原因是语言和思维的脱节，从而造成说的与想的不一致，往往是说出的内容比想到的内容要少。

四、话语缺损的年龄关联度

话语缺损不但影响了信息的有效传递，而且在一定程度上影响了口语的流利性，属于口语非流利现象。曾（Tseng，2003）将非流利分为四大类：语流中断（沉默、停顿、短停顿）；词语修补（重新开始、重复、显性修补、编辑语、错误、词段）；不完整句法结构（不适当用法、被对方打断、句子中断）；语助词和感叹词。老年人话语缺损属于非流利的不完整句法结构。我们试图探讨不同年龄段的老年人出现话语缺损的频率差异，以此探究口语的流利性和年龄的关联度。

上文已述，我们把所有研究对象以 5 岁为一个年龄段分成 5 组。为寻求研究对象最大的同质性，排除性别差异对研究结果的干扰，在话语缺损的年龄关联度调查中，只选择男性老人作为观察对象。每个年龄组选择 10 位男性老人作为研究对象，共 50 位研究对象。本项研究还设立了一个参照组——中年组，其成员都是江西师范大学 35 ~ 45 岁的中年男性教师，共 10 人。

我们以相同的话题对所有调查对象进行了一对一的访谈，访谈时间从半小时到一小时不等，从每个调查对象的口语材料中截取前面 2000字作为分析的语料，每一个年龄组的口语语料都是 20000 字。我们仔细考察了所有语料的话语缺损情况，统计了各年龄段出现话语缺损的次数。下边是具体的统计数据：

表 5 - 1 - 2

年龄 缺损数	中年组	老年组				
	35～45 岁	65～69 岁	70～74 岁	75～79 岁	80～84 岁	85～90 岁
缺损次数	13 次	15 次	22 次	22 次	29 次	37 次
平均数	13 次	25 次				

从表 5 - 1 - 2 的统计数据可以得出如下几点结论：

第一，整体看来，口语中出现话语缺损的频率并不是很高，在 12 万字的语料中总共才出现 138 次；第二，老年组出现话语缺损的频率整体上高于中年组；第三，就老年人而言，随着年龄的增加，出现话语缺损的频率越来越高；第四，65～69 岁的老年组和 35～45 岁的中年组出现话语缺损的频率比较接近；第五，70～74 岁的老年组其话语缺损频率明显高于 65～69 岁。

上文已述，话语缺损属于口语非流利现象，因此，我们根据调查分析可知，老年人的口语流利度整体上低于中年人，老年人随着年龄的增加其口语流利度在不断下降，其中 70～74 岁很可能是老年人口语流利度下降的一个重要转折点。

总之，话语缺损是一种口语非流利现象，还会造成一定程度的信息损耗，缺损成分在结构上表现出明显的右边界倾向，其产生原因可能是语言和思维脱节，从而造成"心口不一"。话语缺损的出现频率与老化有正相关性，年龄越大，出现频率越高，其中 70～74 岁这个年龄段尤其提高明显，据此得出结论，随着老化程度的增加，口语流利度在不断降低，其中 70～74 岁是口语流利度下降的一个重要转折点。

第二节　口误现象

口误（the slip of the tongue）是口语表达中的常见现象，很多人都有过口误的体验，尤其老年人发生口误的情况更常见。如：

（1）我们那个领领队的啊是，从马来亚回来的，他说，（调查者：马来亚？）马来西亚。（82岁，男性）

（2）还有一个老三是儿子，儿子小一点，儿子老三比老二差十年。（调查者：十年？）嗯，我本来不想要的，后来，后来，后来犯了错误，呃，就现在就五十岁，我是他是商学院的老师，现在学校派到美国去去去出差去了。（88岁，女性）

上边例（1）说话人明显把"马来西亚"说成了"马来亚"，经调查者反问提醒后才修正的；例（2）说话人本想说"他是商学院的老师"，但脱口说出了"我是"，不过马上就修正了。

国内外对口误现象有过很多相关研究。布默和拉韦尔（Boomer and Laver，1968）认为口误是一种"无意识的偏离"，是说话者对自己原来想使用的语音、词汇或者语法形式的偏离。沈家煊（1992）认为每说一句话的背后都隐藏着复杂的心理过程，口误是因为这一复杂的心理过程中某一环节出了差错而产生的特殊言语现象。国内学术界对口误的类型及其原因都进行过深入的分析，代表性的成果如沈家煊（1992）、邵敬敏（1993）、张宁（1990）、姜美玉（2001）、张春超（2003）等学者的研究。目前对口误的研究主要是进行类型分析，以沈家煊的八分法最为典型，即把口误分成先置、后滞、互换、颠倒、替代、混合、归并、增减八种类型，也有很多人试图从心理学、认知科学等角度对口误进行解释。以往对口误的研究没有区分人群，我们试图专门讨论老年人的口误现象。

一、老年人口误的基本类型

我们依据所收集的语料把老年人口误分成三种大的类型。

（一）语序颠倒型口误

语序颠倒型口误是指某两个成分的位置发生了颠倒，具体可分成两种，词内语素位序颠倒型和句法成分位序颠倒型。

1. 词内语素位序颠倒型

词内语素位序颠倒型是指某个词语内部的两个或几个语素之间的位置发生了颠倒从而造成的口误。这里的词除了我们日常生活中所使用的常用词语外，还包括成语、惯用语、谚语、歇后语等。如：

（3）一天三餐，三餐不误，早餐是稀饭和，早点，中午晚上都是米饭，<u>一般是菜蔬</u>，注意吃蔬菜。（75 岁，女性）

（4）那当然，但是一个人都是有缺点的，啊，一分为二撒，一个人呢，<u>人无完人，金无赤足</u>，唉是吧。（80 岁，男性）

（5）旁边有一个<u>40 岁右左</u>多点一个男的，我非常有礼貌地问了他三遍，对方一声不响。（《欢聚夕阳红》2012 年 3 月 4 日，82 岁，男性）

（6）<u>白字黑纸</u>写得清清楚楚是吧！（71 岁，女性）

上边例（3）中的"菜蔬"属于口误，根据下文中的"注意吃蔬菜"中的"蔬菜"可以判断，说话者说出的"菜蔬"并不是一个方言表达，而是口误；例（4）的"人无完人，金无足赤"是固定表达，被说话人说成了"人无完人，金无赤足"，属于口误；同样，例（5）中的"右左"应为"左右"的口误，例（6）的"白字黑纸"应为"白纸黑字"的口误。

2. 句法成分位序颠倒型

句法成分位序颠倒型是指某些句法成分的位序发生了颠倒，不符合常规的表达习惯。句法成分的位序颠倒我们发现有四种类型：

第一，多层状语的位序颠倒。如：

（7）他叫李文藻，李文藻，85岁，85岁了，他那个<u>天天几乎值班</u>。（《欢聚夕阳红》2012年3月4日，82岁，女性）

上例"天天几乎值班"应为"几乎天天值班"的口误，据汉语一般的表达习惯，表频度的状语"几乎"应该放在表时间的状语"天天"的前面。

第二，状中短语中状语和中心语的位序颠倒。如：

（8）学生我很多学生，学生也很尊重老师，啊，过年过节都打电话来问候，啊，啊<u>自己感动也蛮</u>感到很很欣慰。（70岁，男性）

上例"自己感动也蛮"应为"自己也蛮感动"的口误，"蛮"为表程度的状语，应该放在动词"感动"之前，此处应该是说得太快，漏掉了本来想说的"也蛮"，之后补充出来，从而出现了口误。

第三，主谓短语中主语和谓语的位序颠倒。如：

（9）老大女孩子，生了个女孩子，唉，<u>已经是今天24岁了</u>，硕士研究生毕业，在美国呃读完了回来了，现在到毕马威。（77岁，男性）

（10）但是作为那个年轻的女孩来讲她也不对在这方面，看到老人她应该是让座的，不尊重老人，<u>说明这个问题</u>说明，这个觉悟太低，思想觉悟太低了。（70岁，男性）

上例"已经是今天24岁了"应为"今天已经是24岁了"的口误，一般的表达习惯，作为主语的"今天"应该出现在谓语"已经是"的前面。例（10）中"说明这个问题"应该是"这个问题说明"的口误，根据下文可知，说话者此处想表达的意思是"这个问题说明了一种什么样的情况（主谓结构）"而不是"说明这个问题本身有什么样的问题（动宾结构）"，因此这里的句法结构应该是主谓结构而非动宾结构，句中的"这个问题"充当的是主语，"说明"充当的是谓语，这句话是因为主谓成分之间的位序发生了颠倒所形成的口误现象，后一个"说明"是说话者在发觉发生口误之后的修正。

第四，种属关系的名词之间位序颠倒。如：

（11）我这个家庭有这样的一个背景，我就不想细说了啊，但是新中国成立后的话呢，从我这个家庭是欢迎解放的，<u>我哥哥是南昌江西的大学生</u>，南昌大学生第一批参参参干的。(77 岁，男性)

上例"我哥哥是南昌江西的大学生"应为"我哥哥是江西南昌的大学生"，"江西"和"南昌"是上位词和下位词的关系，习惯的表达应该是"江西南昌"，此处说话人可能是受后面要表达的成分"南昌大学生第一批参干的"这句话中"南昌"的影响或干扰，从而先说了"南昌"，但说话人一说出"南昌"后又补充了其上位词"江西"，从而表现出口误。

这里的句法成分位序颠倒型口误与陆俭明《汉语口语句法里的易位现象》中的"易位现象"性质并不相同，陆俭明所谈到的易位是指两个句法成分在互换位置之后，有特定的表达价值，并不是口误，而句法成分位序颠倒型口误没有任何表达价值。

（二）邻近词语产出型口误

说话人在言语表达中，有时并没有准确提取出目标词语，而是发生了一定程度的失误，说出了一个与目标词语在语义、语音等方面相关度较高的词语，即邻近词语，我们把这种口误称之为邻近词语产出型口误。邻近词语产出型口误主要可分成两大类，一是句内邻近词语产出型口误，二是句外邻近词语产出型口误。

1. 句内邻近词语产出型口误

有的口误是受句内某个邻近词语的影响而发生的，即说话人提取了一个在上文中出现的与目标词语关系非常密切的词语。如：

（12）呃，南昌没有长春，因为原来在长春长春没有长春的规模和面积大，没有南长春的人口多，南昌这些年呢，应该说是变化比较大，特别孟建柱来了，到省里头以后，好像南昌的变化就更大一些。（72 岁，女性）

（13）因为我经历也比较特殊，所以生活习惯也不同，我简单谈两句我的生我的经历。我是出生于农家，农民出身的家庭，嘶，这个 16 岁参军，17 岁抗美援朝。（78 岁，男性）

上边例（12）中说话人想表达的是"（南昌）没有长春的人口多"，却多说了一个"南"字，变成"没有南长春的人口多"，因为上文出现了"南昌"，说话的主题也是"南昌"，可以判断，此时说话人大脑里最为突显的词语就应该是"南昌"，所以在本想说"长春"时，不自觉地产出了"南昌"，因为"南昌"和"长春"都是地点名词，都是省会城市，而且是目的物和参照物的关系，语义上密切相关，当然，说话人刚提取了"南"就发现了有口误，立马进行了修正，所以才会产出"没有南长春的人口多"这种口误形式。例（12）情况类似，说话者想表达的是"我简单谈两句我的经历"，但是受前文已经出现的邻近词语"生活习惯"的影响，发生了口误，产出了"我简单谈两句我的生我的经历"。

2. 句外邻近词语产出型口误

有时，导致口误的邻近词语不是来自句内，即在上下文中并没有出现与目标词语相邻近的词语，这种情况可以称之为句外邻近词语产出型口误。从我们搜集的语料来看，导致口误的句外邻近词语有语义邻近型词语和语音邻近型词语。

语义邻近型词语是指提取出来的发生口误的词语与准确的目标词语之间在语义上关系非常密切。如：

（14）儿女的情况，<u>现在四个儿子都在，我三个儿子一个女儿</u>，都在身边，这个∷我的儿女啊都是艰辛的，这个生活，啊，努力的，啊，追求他们的这个这个学业，自己追求学业。（87岁，男性）

（15）<u>我今年也七十多岁了，也七十多岁了，唉，对，七十二岁，去年又七十三啦</u>，也就是说我已经到了孔子的年龄了，孔子是七十三岁，唉，这个去世了，是吧？（72岁，男性）

（16）我现在已经十年了，那我想，我想我就不想，不管你那么多啦，能玩的就玩，能那个就，所以我是前不久我还到那个啦，到那个，<u>靠近西南边</u>，边上的那个，敦煌。（76岁，女性）

（17）因为我，我出行呢，在附近，也就到师大咯，<u>或者到超市什么东西走一走咯</u>，是不是啊，也用不着闯红灯，这里有天桥什么东西的，对不对？（70岁，男性）

（18）小女儿是江西大学法律系毕业，曾经自费，一毕业就在广州佛山当律师，嗯，在九，九十年代末期曾经<u>自费出英国留学过两年</u>，一直在这当律师。（75岁，女性）

上边例（14），根据下文"我三个儿子一个女儿"可知，说话者本想表达的是"现在四个孩子都在"，却说成了"四个儿子都在"，发生了口误，"孩子"和"儿子"在语义上关系非常密切，是典型的语义邻近词。同理，根据上下文语境可以判断，例（15）"去年又七十三啦"应为"明年又七十三啦"的口误，"明年"误说成了邻近词语"去年"；例（16）"靠近西南边"应为"靠近西北边"的口误，这两个词语都是方位词语，语义邻近；例（17）"或者到超市什么东西走一走咯"，其中"东西"应为"地方"的口误，因为此处是复指"超市"

这一地点名词。例（18）说话人原本想表达的应该是"自费去英国留学过两年"，但是在说话的过程中误说成"自费出英国留学过两年"，从而发生了口误。"出"和"去"在语义方面的关系非常密切，"去"的意思是离开所在的地方到别的地方，由自己的一方到另一方，"出"的意思是从里面到外面，跟"入"相对，且"出去"在日常生活中通常是作为一个词语直接输出，因此两者之间容易产生干扰，导致口误。总之，上述例句中发生口误的邻近词语都没有在上文中出现，都属于句外邻近词语。

语音邻近型词语是指提取出来的发生口误的词语与准确的目标词语之间在语音上相似度比较高。如：

（19）我的这个腿的这个毛病，吃这个八十块钱的药是你医院造成的，但是我没有理由去叫他来赔偿，我打不赢官司，是吧，他说这是你那毛病我跟你搞，但是你就，啊，是为了你好，我当时我一直跟他讲，我说我条肿了，肿得不能走路了。（82岁，女性）

（20）我：：我觉得我当老师，当老师最共荣的一个事业，啊，那我们老师都：：最大的财富就是学生，啊最大的财富就是学生。（70岁，男性）

上边例（19）说话者想说的应该是"我的腿肿了，肿得不能走路了"，把"腿"误说成了"条"，这两个字语音上相似度比较高，声母都是/t/，都有韵头和韵尾，如果语速过快很容易将"腿"说成"条"。例（20）说话者想表达的应该是"当老师最光荣的一个事业"，"共荣"是"光荣"的口误，"共"和"光"的语音相似度也很高，二者声母都是/g/，韵尾相同，韵腹/a/如果发音不到位很容易成为/o/，如果语速比较快，"光荣"就很容易说成"共荣"。

（三）选择混乱型口误

选择混乱型口误是指在进行言语输出时，存在着两个语义比较接近的竞争待选的成分，说话者在这两个成分之间进行选择，出现选择混乱，造成口误，选择混乱型口误根据待选成分的完整情况可以分成两种情况。

第一种，两个竞争待选的成分一前一后都完整地表述出来了，因为这两个待选成分语义基本是一样的，所以就有一个是多余的了，这其实就产生了口误。如：

（21）那么，他也是<u>有这种这个</u>遗传，他也是很努力。（《精彩老朋友》2017 年 1 月 14 日，67 岁，女性）

（22）派出所来人了，来人了呢，我就<u>给她跟她送医院</u>去了。（《欢聚夕阳红》2012 年 12 月 30 日，100 岁，女性）

（23）我有时候去买些菜，我就是两个人，我跟我老伴两个，<u>她负责::搞弄饭</u>，我负责去买菜，那到外面跑咧，我去，唉，买菜回来咧，就自己咧都看看报纸，看看书。（89 岁，男性）

（24）哦豁，一个电话过来，唉<u>要到去幼儿园</u>接孙子，没有办法，因为媳妇得上班，媳妇不上班不要我去？（70 岁，女性）

上边例（21）"这种"与"这个"作用一样，有一个是多余的，我们判断，说话人主观上想说"这个"，但不自觉地说出了"这种"，说完"这种"后又立即修正为"这个"，所以应该是产生了口误。后面几个例子情况一样，例（22）"给她"和"跟她"，例（23）的"搞饭"和"弄饭"，例（24）的"到幼儿园"和"去幼儿园"，说话人想提取的目标词语应该都是后面的成分，前面的成分都是口误的结果。

第二种，两个竞争待选的成分，说话人说出来的成分与想提取的目标词发生了偏差，但口误发生后，说话人马上都意识到了，于是某个口误词语还没有说完就进行了修正。如：

（25）那个<u>老大的儿，男孩子</u>呢现在在珠海，他是我们师大毕业的，中，中文系毕业的，现在在珠海体校，做一点行政工作，也

教书。（79 岁，女性）

（26）后来，再一个我大学四年没有买过书，我就靠它每年就发相当于以前的五块钱，女女同女学生发一包那个那个药棉。（80 岁，女性）

上面例（25）的目标词应该是"老大的男孩子"，但不自觉地说了"老大的儿子"，不过说话人马上就意识到了发生口误，于是刚说了"儿"就修正了，所以整个话语就成了"老大的儿，男孩子"。例（26）的目标词应该是"女学生"，但产生了口误，先说了"女同学"的部分内容再进行修正，于是就成了"女同女学生"。

从发生口误的目标词语其语法性质来看，名词、动词、数词、副词、形容词、代词、介词、量词等都可能发生口误，但不同词类发生口误的频率差别很大，名词发生口误的比率最高，其次是动词和数词，代词、介词和量词发生口误的比率最低。我们共收集了 338 条口误语料，其中目标词语为词的口误共有 280 条，这些目标词的词类分布情况如下：

表 5 - 2 - 1

	名词	动词	数词	副词	形容词	代词	介词	量词
数量	119	48	44	22	20	15	7	5
占比	42.5%	17.1%	15.7%	7.9%	7.1%	5.4%	2.5%	1.8%

二、老年人口误的自发修正

口误发生后，有时会出现修正的过程，有的修正是经过听话人的提醒之后才进行的修正，这是他发修正；有的修正是说话人自觉进行的修正，是在没有旁人提醒的情况下自己所进行的修正，即为自发修正。本书只讨论自发修正。如：

（27）我姓方，叫方明，我来自广州，<u>74 岁了，不不不，我讲错了，我 70 岁</u>。（《欢聚夕阳红》2012 年 12 月 23 日，70 岁，女性）

（28）<u>脑子反应快了，哦，慢了</u>，脑子反应慢了。（《欢聚夕阳红》2012.12.23，70 岁，女性）

（29）1961 年那是在中央台，我原来是在广播艺术团，广播乐团，唱合唱从，<u>八五年到了北京以后，呃，五五年</u>，你看老了，糊涂了吧！（《欢聚夕阳红》2012.6.17，82 岁，女性）

上面这三个例子都属于口误的自发修正，说话人发生口误后，在没任何提示的情况下自己进行自觉的修正。例（27）"74 岁"属于口误，说话人正确的年龄应该是 70 岁，在说话人说完"74 岁"之后，连忙用"不不不"否定，并及时修正。例（28）"反应快了"属于口误，说话人的本意是想表达自己反应慢了，由于某些因素的影响而说成反应快了，说完之后，说话者连忙进行修正，说"反应慢了"。例（29）"八五年"属于口误，根据下文我们可以得知正确的时间应该是"五五年"，说话人在说完之后用了一个"呃"字来进行短暂的停顿，表示说话者有了思考的时间之后再自觉进行的修正。

自发修正从话语形式上可以分成即时修正和延缓修正两种类型。

（一）即时修正

即时修正是指口误一发生就立即进行修正，修正后的词语紧接着失误词语出现，之间没有任何其他词汇。例如：

（30）股市可熟人多了，我那，<u>我那六个，七个弟弟</u>全玩股市。（《欢聚夕阳红》2012 年 2 月 26 日，75 岁，男性）

（31）<u>我爸我妈妈是家庭妇女，我爸爸</u>是一个普通工人。（66 岁，男性）

上面例子，都是在口误发生之后立即进行修正，例（30）说完"六个"之后，直接修正为"七个"，例（31）说完"我爸"之后，立即修正为"我妈妈"。

语料分析显示，即时修正涉及的词类包括名词、数词、动词、固定结构等。

第一，对名词的即时修正。如：

（32）老太婆的那个大哥的儿子，他是住在我家里读书的，他南昌县农村的，他考取了南昌一中二中。（71 岁，男性）

（33）天年年讲哎呀治理污水、治理污水，越搞越臭，越搞越臭。（79 岁，男性）

上边例子都属于对名词的即时修正，例（32）说话者原本想表达的是"他考取了南昌二中"，但脱口而出是"一中"，之后立即进行修正。例（33）本想说"年年"，却说成"天（天）"，之后马上意识到了口误，从而进行了即时修正。

第二，对数词的即时修正。如：

（34）我们那就是一个连，下放的时候。加上干部才一百六十个，一百五十九个，学生就是一百个五十个。（66 岁，男性）

（35）你看最近打老虎打得多了，现在打了打了十一个十二个啦。（80 岁，男性）

（36）后来鬼使神差地嘛，大队长看中了我，就发动我入党，入党后呢到了三::两年半推荐。（66 岁，男性）

（37）那我五六年，我五五年，五二年，五二年的这个初中毕业，五二年初中毕业，就报考高中。（77 岁，男性）

上边例句都是数词口误之后立即进行的修正。例（34）"一百六十个"修正为"一百五十九个"，例（35）"十一个"修正为"十二个"，例（36）"三"修正为"两"，例（37）进行了两次修正，说话人第一次把"五六年"修正为"五五年"，再修正为"五二年"。

第三，对动词的即时修正。如：

（38）我的左脚呢，溃烂，鞋子都不能穿，我只能把这鞋子啊拖到绑到脚板底下。（78 岁，男性）

（39）到了，到了五八年喃，天津市归为，称为直辖市啦，称为直辖市了。（80 岁，男性）

（40）他是认了解这个书的内容，要不不会花钱去买的。（86 岁，男性）

以上例（38）至（40）三个例子都属于对动词的即时修正，分别把"拖到""归为""认"修正为"绑到""称为""了解"。

第四，对固定结构的即时修正。如：

（41）甘居后甘居中游呢其实也不是个不错的选择。（66 岁，男性）

（42）另外，现在的这个八一广场，是由这个水塘，一些高低不停高低不平的，把它填平以后。（69 岁，男性）

（43）敬老尊贤，敬老尊贤，敬老爱幼啊，是吧敬老爱幼啊。（85 岁，男性）

上边三个例子都是对固定结构的即时修正，例（41）把"甘居后（游）"修正为"甘居中游"，例（42）把"高低不停"修正为"高低不平"，例（43）根据下文可知说话者本想表达的是"敬老爱幼"，但误说成了"敬老尊贤"，然后进行修正。

我们统计了共 75 条即时修正的例子，其中名词有 39 条，占 52%，数词有 24 条，占 32%，副词 3 例，量词 2 例，介词 1 例，形容词 1 例，成语 5 例，可见名词和数词是发生口误后最容易被即时修正的词类。

（二）延缓修正

有时口误发生后并没有立即修正，而是继续说了一些别的内容之后再进行修正，我们称之为延缓修正。延缓修正可以分成无标记修正和有标记修正两大类型。

1. 有标记修正

口误发生后，说话人在进行修正时，有时会使用一些比较明显的特定话语成分，这些成分往往就成为口误修正的标记性成分。这些标记性成分常见的有三类。

第一类，修正标记是否定副词"不/不是"。如：

（44）知道，那那个主任什么来了，都说您今儿又加班了，李师傅呃不是李大爷都叫他都这样。（《欢聚夕阳红》2012 年 6 月 17 日，82 岁，男性）

（45）专门搞了一个唉一次，一碟子，还有一个一个一一个录像本，不是录像本，照相照相本。（74 岁，男性）

（46）像八一公园，不是，人民公园，我们在五六年参加义务劳动的时候，都是一堆土了，假山了。（77 岁，男性）

第二类，修正标记是"呃、唉、嗯、啊、哦"等填塞性成分。如：

（47）脑子反应快了，哦，慢了，脑子反应慢了。（《欢聚夕阳红》2012 年 12 月 23 日，70 岁，女性）

（48）因为去年我，我去年就是去年我一年没上课，就是零::应该是零二到零三吧，呃，一二到一三学年嘛，我就一年，我把课推掉了。（67 岁，男性）

（49）我到了好几个地方，那那一年的夏天，大概有四五年之前，唉，七八年之前吧可能，到了上海、北京、呃，广东的珠海、广州，几个城市。（79 岁，女性）

（50）那个时候呢很困苦咧，那个<u>计划生育啊，唉，计划供应</u><u>啊</u>。（80岁，男性）

第三类，修正标记是"呵呵"，这些"呵呵"类成分也是说话人因为发生口误为了化解尴尬而使用的成分。如：

（51）对南昌的印象啊，呃，<u>南昌是江西首都，呵呵::省会</u>，<u>省会</u>，用错了词。（75岁，女性）

有时也出现两类标记成分同时出现的情况，如下边例句中在口误词语和修正词语之间不仅出现了否定性修正标记"不是"，也出现了填塞性修正标记"呵呵"。

（52）还在读初三，学习那么差，可能连<u>一中，不是，呵呵，</u><u>二中</u>都考不上。（71岁，男性）

2. 无标记修正

口误发生后，说话人并没有使用任何修正标记而进行的延时修正，即为无标记修正。如：

（53）我有看报纸的习惯，报纸一说哪又变了我就把那个记记<u>那个站牌记下来那个站点记下来</u>。（《欢聚夕阳红》2012年12月23日，82岁，男性）

（54）<u>东到台湾</u>，西到西藏拉萨，<u>东到，这个上海</u>。（78岁，男性）

以上例子中把"站牌"修正为"站点"、把"台湾"修正为"上海"都没有出现任何修正标记，当然也不是即时修正，即为无标记修正。

老年人口误发生后，有时会修正，有时不会修正，有时是自发修正，有时是他发修正，我们对338例老年人口误的修正情况进行了数量统计，结果如下：

表 5 - 2 - 2

		数量（次）	比率（%）	数量（次）	比率（%）
修正	自发修正	187	98.42	190	56.21
	他发修正	3	0.02		
	无修正			148	43.79

从统计数据表 5 - 2 - 2 可以看出，老年人口误修正的比率并不是很高，只占 56%，意味着有很大一部分口误老年人并没有发现，或者说老年人对自身语言的监测有很大的局限性。

三、老年人口误与衰老、性别的关联度

口误是口语表达中的常见现象，很多人都有过口误的经历，但是不同的人其口误出现的频率有一定差别。我们采用实验比对的办法对老年人口误进行统计分析。如前文所述，把受试按 5 岁为一个年龄段分成 5 组，每组 10 名男性、5 名女性，并设置了一个参照组 10 名男性。通过分析各小组语料中口误的频率及口误自发修正的比率，探究老年人口误与衰老、性别之间的关联度。

（一）口误频率与衰老的关联度

1. 男性老人口误频率与衰老的关联度

我们统计了五个年龄组男性老年人口误发生的频率，整体看来，70～79 岁这个年龄段老年人口误发生的频率最高，其次是 80～90 岁，频率最低的是 65～69 岁，整体趋势呈现出抛物线的形状特征，中间高两头低，其中 70～79 岁这个年龄段老人的口误差不多是 65～69 岁这个年龄段的 5 倍。另外，老年人作为一个整体，其口误频率与中年组并没有很明显的差异，由此看来，口误发生的频率与衰老之间没有非常密切的关联度。具体统计数据见表 5 - 2 - 3：

表 5 – 2 – 3

	语料词数	口误次数	口误频率	平均次数	平均频率
老年五组（85~90 岁）	36174	57	1.58‰		
老年四组（80~84 岁）	43060	60	1.39‰		
老年三组（75~79 岁）	33887	80	2.36‰	53	1.66‰
老年二组（70~74 岁）	21616	52	2.41‰		
老年一组（65~69 岁）	29730	16	0.54‰		
中年组（35~45 岁）	21815	40	1.83‰	40	1.83‰

2. 女性老人口误频率与衰老的关联度

各年龄段女性老人口误发生的频率与衰老之间的关联度与男性老人的特征差不多，既不表现出正相关性，也不表现出负相关性，而是呈现出抛物线的形状，中间高两头低，其中 75~79 岁这个年龄段老年人口误的频率最高，是其他年龄段的 2~3 倍。具体统计数据见表 5 – 2 – 4：

表 5 – 2 – 4

	语料词数	口误次数	口误频率
老年五组（85~90 岁）	12096	9	0.74‰
老年四组（80~84 岁）	18567	14	0.75‰
老年三组（75~79 岁）	13217	31	2.35‰
老年二组（70~74 岁）	10333	10	0.97‰
老年一组（65~69 岁）	12332	10	0.81‰

（二）口误自发修正比率与衰老的关联度

1. 男性老人口误自发修正比率与衰老的关联度

口误自发修正是大脑有效监测话语产出的结果，一般说来，自发修正的比率越高说明大脑对话语产出的监测越有效。我们统计男性老年人口误自发修正的数据显示，中年人口误自发修正的比率相对较高，达到85%，而老年人口误自发修正的平均比率只有58.4%，可见中年人的话语产出监测更有效。就老年人来说，自发修正的比率与衰老之间并没有表现出正相关性或负相关性，其中70～74岁这个年龄组口误自发修正的比率最低，只有32.7%，其他年龄组基本都达到了60%以上，可见70～74岁这个年龄组老年人大脑对话语产出的监测效度最低，这可能意味着这个年龄段老年人大脑某方面技能衰退最为明显。男性老年人口误自发修正比率的具体统计数据见表5－2－5：

表5－2－5

	口误次数	自发修正次数	自发修正比率	自发修正平均次数	自发修正平均比率
老年五组（85～90岁）	57	44	77.2%		
老年四组（80～84岁）	60	35	58.3%		
老年三组（75～79岁）	80	49	61.3%	31	58.4%
老年二组（70～74岁）	52	17	32.7%		
老年一组（65～69岁）	16	10	62.5%		
中年组（35～45岁）	40	34	85.0%	34	85%

2. 女性老人口误自发修正比率与衰老的关联度

女性老年人口误自发修正比率与衰老的关联度特征和男性老年人差不多，既没有正相关性也没有负相关性，而是似乎呈现出U形特征，两头高中间低，其中70～74岁老年人自发修正的比率最低，只有30%，而最高的65～69岁、85～90岁这两个年龄组都达到了70%以上。具体调查数据见表5－2－6：

表 5 - 2 - 6

	口误次数	自发修正次数	自发修正比率
老年五组（85~90岁）	9	7	77.8%
老年四组（80~84岁）	14	7	50.0%
老年三组（75~79岁）	31	12	38.7%
老年二组（70~74岁）	10	3	30.0%
老年一组（65~69岁）	10	7	70.0%

（三）口误与性别的关联度

男性老人和女性老人口误发生的频率有一定差别，整体看来男性发生口误的频率要高于女性。从下边的数据可以看出：80岁以上的高龄老人，男性发生口误的频率基本上是女性的2倍；75~79岁，男性和女性发生口误的频率差别不明显；70~74岁男性发生口误的频率大约是女性的2.5倍；但65~69岁，情况恰好相反，女性口误发生的频率是男性的1.5倍。总体看来，男性口误发生的频率（1.66‰）大约是女性口误发生频率（1.11‰）的1.5倍。详细统计数据见表5-2-7：

表 5 - 2 - 7

	男性口误			女性口误		
	语料词数	次数	频率	语料词数	次数	频率
老年五组（85~90岁）	36174	57	1.58‰	12096	9	0.74‰
老年四组（80~84岁）	43060	60	1.39‰	18567	14	0.75‰
老年三组（75~79岁）	33887	80	2.36‰	13217	31	2.35‰
老年二组（70~74岁）	21616	52	2.41‰	10333	10	0.97‰
老年一组（65~69岁）	29730	16	0.54‰	12332	10	0.81‰

（四）口误修正比率与性别的关联度

在口误修正比率方面，性别差异没那么明显。男性（58.5%）略高于女性（48.7%）约10个百分点，其中75~79岁老人男性修正的比率较明显高于同年龄段的女性，而65~69岁女性老人修正的比率还略高于男性，其他年龄段的性别差异都不是太明显。详细统计数据见表5-2-8：

表5-2-8

	男性口误			女性口误		
	次数	修正次数	修正频率	次数	修正次数	修正频率
老年五组（85~90岁）	57	44	77.2%	9	7	77.8%
老年四组（80~84岁）	60	35	58.3%	14	7	50.0%
老年三组（75~79岁）	80	49	61.3%	31	12	38.7%
老年二组（70~74岁）	52	17	32.7%	10	3	30.0%
老年一组（65~69岁）	16	10	62.5%	10	7	70.0%

四、老年人口误的原因分析

老年人产生口误受多重因素的影响，其中老年人自身认知能力的退化、身体机能的减退是最为主要的原因。我们主要从词汇提取、抑制能力两方面来讨论老年人产生口误的原因。

（一）词汇提取失误

一般认为，言语的产生必须经过三个过程：首先是概念化的过程，即讲话者明确要用言语表达的意思；其次是言语组织的过程，为所表达的意思选择适当的词汇，并建立词汇的语义语法结构和发音结构；最后是发音阶段，讲话者利用发音器官表达出所选择的词汇。（李利等，2006）其实，每个人大脑中都存在着一个心理词库，言语产生过程中的一个重要阶段就是讲话者从词库中提取词汇以满足交流的需要，因此，心理词库具有大量储存和有效提取两个特点。（孙蓝等，2006）心理词库中的词汇储存并不是杂乱无章的，一般认为，人脑中的词汇是按照一定的关系来存储的，不同的字词、概念按照语音或语义等表征关联在一起，形成一个网络的形式。越有关联的字词，它们之间的概念距离越近，越容易作为一个板块在大脑中储存。比如说一些固定短语和常用词语等，它们是作为一个板块储存，语言输出时也是作为一个整体直接输出。

影响词汇提取的效率涉及多种因素，心理语言学家桂诗春曾指出，影响心理词库中词汇提取的因素除了说话者自身的心理特点外，与词汇本身也有非常直接的关系，比如说词频效应、词汇歧义、词素结构、词汇性和语义启动等。此外，心理语言学研究表明：人头脑中的心理词库，并不是恒定不变的，随着年龄的增长，尤其是步入老年之后，人大脑中的某些机能开始衰退，如此一来，老年人对心理词库中的词汇记忆会越来越模糊，甚至是遗忘，所以当老年人在与他人沟通交流的过程当中，由于部分词汇的遗忘或者说是记忆的模糊，他们对心理词库中的词汇提取效率越来越低，速度也越来越慢，口误则是词汇提取失误的一个重要表现之一。如：

（55）那当然，但是一个人都是有缺点的，啊，一分为二撒，一个人呢，人无完人，金无赤足，唉是吧。（80岁，男性）

"人无完人，金无足赤"是固定成语，是作为一个板块储存，具有结构的凝固性和稳定性等特征，在语言输出的过程中也应该是作为一个整体直接提取出来的，不需要再进行新的排列组合，因此一般也都不会出现口误现象，但是老年人由于对词汇的记忆模糊，混淆了固定结构的成分位序，发生了口误，说成了"金无赤足"。

（二）抑制能力衰退

抑制能力和工作记忆能力、注意转移能力同属于执行功能的核心成分，其中抑制能力指的是大脑在加工信息的过程中，抑制对当前任务进行干扰的无关刺激能力或者是在完成多项任务过程中，抑制处于优势的任务以保证其他任务顺利完成的能力（Miyake et al., 2000）。有效的言语加工活动离不开抑制能力的配合，需要抑制能力对无关信息进行控制以保证活动的顺利进行。抑制包括通达、删除与压抑三种子功能，通达功能是指阻止与当前任务无关的信息进入到注意中心；删除功能是指从注意中心中删除与当前任务不再相关的信息的能力；压抑功能是指限制个体心理内部强大而且具备优势反应的能力。（王君等，2012）在目标词的检索过程中，如果不能够很好地阻止无关信息进入注意中心，从注意中心中删除与当前无关的刺激，及压抑心理内部强大而优势的反应能力，就极有可能因为干扰刺激的激活和保持，阻碍对目标词的检索和提取。

人类个体的发展研究表明，抑制控制能力与年龄相关，主要表现出从逐渐成熟到逐步衰退的总体趋势。哈什尔和扎克斯（Hasher and Zacks，1994，1997，1998）认为，老年人抑制功能随着年龄的增长而呈现逐渐衰退的趋势，他们与年轻人相比激活的无关信息更多，并且很难抑制无关信息对当前任务的影响。（彭苏浩等，2014）也就是说，在言语输出的全过程当中，老年人在头脑中激活某个目标词的同时，相关的干扰性词汇也会被激活，这些干扰性词汇并不是说话者所需要的，但是老年人由于抑制能力的衰退，无法对这些不准确的干扰性词汇进行抑制，从而造成检索路线发生偏离，导致言语交流的过程中出现口误现象。这一点用于解释老年人口误当中的邻近词语产出型口误最为合适，因为邻近词语的干扰导致目标词语无法正常产出。如：

（56）对南昌的印象啊，呃，<u>南昌是江西首都，呵呵::省会，省会</u>，用错了词。（75岁，女性）

（57）像<u>八一公园，不是，人民公园</u>，我们在五六年参加义务劳动的时候，都是一堆土了，假山了。（77岁，男性）

（58）<u>没空就去逛逛街</u>，成天待在家。（67岁，女性）

　　（59）我::我觉得我当老师，当老师最<u>共荣</u>的一个事业。（70
岁，男性）

　　例（56）中"首都"和"省会"是邻近词语，二者语义上相似度
比较高，前者是国家最高政权机关所在地，后者则是一个省的最高政权
机关所在地，在词汇提取过程中，"首都"这一无关信息被激活，但是
老年人由于抑制控制能力不足，在"首都"与"省会"这两个词都被
激活的情况下，没有及时删除或者说是压抑干扰词汇"首都"，从而导
致口误现象的发生。例（57）"八一公园"是对"人民公园"这个词的
干扰，"八一公园"和"人民公园"都被激活了，这两个公园在南昌的
地理位置比较接近，而且是当地居民去得较多的两个公园，所以在说话
者心中其地位差不多，在"心理词库"中的存储位置也比较接近，很
容易被一起激活，再加上老年人由于抑制能力的不足，无法及时删除干
扰词汇"八一公园"，很容易导致口误现象；例（58）"没空"是对
"有空"这个词的干扰，老年人抑制能力衰退使得在词汇激活的过程中
"没空"这一无关的信息进入到注意中心，而又没有及时被删除或压
抑，使得词汇信息的检索发生偏离，从而导致口误。例（59）展现的
是因为语音相近导致的口误，"共荣"的"共"声母是"g"，"光荣"
的"光"声母也是"g"，因此在信息激活的过程中，老年人由于抑制
能力的受限，干扰信息被激活了却没能被及时删除，而产生口误现象。

第六章

后语抢先与舌尖现象

第一节　后语抢先现象

　　语序是汉语非常重要的语法手段，汉语的语序很严格。但是在口语表达中，常常会发生本该后说的词语却将其抢先说出来的现象，影响了口语表述的流畅性，我们称之为"后语抢先"。后语抢先是口语中的常见现象，年轻人口语中也会出现，但老年人口语表现尤为明显。本节探究老年人口语中后语抢先的表现形式、产生原因及其出现频率和老龄化的关联度。

一、后语抢先的性质

　　语言的使用者在说话时都会遵循本族语的语序，但有时候，说话人不自觉地把本应该后说的词语抢先说出来了，这就是后语抢先。后语抢先发生后，说话人多数情况下能意识到不符合正常语序，因而进行必要的修正，致使抢先说出的话语成分又重复出现。如：

　　（1）你没有经过过去那个，饿死，当时饿死的多少人啊。（80

岁，男性）

（2）他看到我学历比较比较高，噶就保送我到南京嘞<u>去学</u>这个永利磷厂<u>去学</u>化工，噶当时我是搞教育搞心理学的唉。（80 岁，男性）

（3）（调查者：您平时下午参加什么锻炼吗？）<u>参加，没有参加</u>什么锻炼，下午就是打牌。（87 岁，男性）

上边例句都发生了后语抢先现象，例（1）本应该是"当时饿死的多少人啊"，但说话人可能是一时情急，抢先说出了最核心的内容"饿死"，再追补出"当时饿死"；例（2）情况一样，本应该是"保送我到这个南京永利磷厂去学化工"，地点状语"永利磷厂"应该在动词"去学"之前，但说话人却抢先说出了谓语动词"去学"，再追补出地点状语"永利磷厂"；例（3）说话人本应该说"没有参加"，但抢先把动词"参加"说出来了，再追补出否定性成分"没有"。

后语抢先在形式上有点儿类似于口语中的句法易位现象，但其实本质上完全不同。陆俭明（1980）详细阐述了口语句法中易位现象必须具备四个特点：易位句的语句重音一定在前置部分，后移部分一定轻读；易位句的意义重心始终在前置成分上；易位句中被倒置的两个成分都可以复位，复位后句子意思不变；句末语气词绝不在后移部分之后出现，一定紧跟在前置部分之后。后语抢先和易位有明显不同。第一，易位是为了强调，往往带有某些强调的标志，如重读、停顿等，如"酸不酸，这梨？"而后语抢先不是强调，抢先说出的成分不一定要读重音，其后也不一定要停顿，如例（2）。第二，易位的成分往往能成为独立的表述单位，能表达一个相对完整的意思，如"来了吗，你哥哥？"中的"来了吗"就可以构成一个独立的表述单位；而后语抢先的成分一般不能构成一个独立的表述单位，如例（1）。第三，易位的范围有一定局限，主要发生在主谓之间、状中之间、述宾之间、复谓结构组成成分之间，而且即使是这些可以易位的情况也还有很多的限制条件；而能发生后语抢先的情况远远超过了能发生易位的情况，具体情况下文将详述。第四，易位是一种积极的语用策略，是要把表达重要信息的成分先说出来，因此易位的成分可以复原，如"怎么了，你？"可以复原成"你怎么了？"而后语抢先是口语的非流利现象，一般不能复原，因为后语抢先发生后说话人往往自己能意识到，就会进行修正，从而使同一成分重复出现，造成口语的累赘性成分。当然有时说话人也可能并没有意识到发生了后语抢先，也就没有修正。如：

（4）他六个人硕士毕业以后一起读了博士……，但是后来<u>仅仅搞数学</u>的就剩下两个了。（80岁，男性）

（5）他们也有喜欢问，因为晓得我，<u>大</u>的那么年纪，他们也喜欢问，啊，什么养生之道什么什么的，我都是笑，我说我就是以不养生来养生。（90岁，男性）

（6）过去年轻的时候，我们带了很多<u>带我了</u>一批好比你这些年轻的学生，来来来爬井冈山耶。（84岁，男性）

上边例（4）至（6）都发生了后语抢先现象，但并没有修正。很明显上述情况不属于易位，没有停顿，抢先的成分也不能成为独立的表述单位。但从语料分析来看，绝大多数的后语抢先现象都会被修正。

二、后语抢先的表现形式

言语交际的最小单位是句子，句子由主语、谓语、宾语、定语、状语、补语等句子成分构成。邢福义（2000）深入阐述了句子成分之间的关系：一方面，汉语的一般句子成分是配对的，它们处于相互规约的关系之中，它们所占据的位置是一种关系位置；另一方面，句子成分的配置具有层次性，构成小句第一层次的配对关系往往是主语和谓语

（当然并不限于主语和谓语），其他配对关系都是在主谓配对之下的。汉语常见的配对关系其位置关系一般都是固定的，其层级关系也是固定的。邢先生这里阐述的是书面语中句法成分的配对关系，但是，在口语交际中，由于话语生成的即时性，来不及进行成熟的思考，很容易发生配对成分的位置错位甚至层级错位，如果这种错位不是说话者有意为之，没有明显的语用效果，就产生了后语抢先现象。如：

（7）这里有很多的这个地方，乘凉的时候就就坐一坐，天气冷<u>晒太阳</u>就到那个坪里晒太阳，平常这里这里的环境很好。（87岁，男性）

（8）那你搞得我现在哈，到肾科没地方住，等肾科不行又到血瘵科去住，又说你血液有问题啦，所以这么推来推去的话，<u>别人那个床给别人</u>挂掉了，挂在那里。（82岁，女性）

上述例句都发生了后语抢先现象，例（7）是直接配对成分出现错位，状中结构"就到那个坪里晒太阳"的中心语"晒太阳"抢先说出来了；例（8）是层级错位，此处"别人"不仅仅抢在其直接配对成分"给"的前面，而且已经抢到了整个句子"那个床给别人挂掉了"的前面，已经跨越了两个层级。

后语抢先就是句法配置成分的错位，本应该后置的句法成分前置了。汉语句法成分的基本结构语序大致规律如下：

句首状语，主语＋句中状语＋谓语＋宾语/补语。

从逻辑上说，只要是出现在句首状语之后的任何成分都可能发生后语抢先现象，根据我们对老年人口语语料的调查分析发现，情况确实如此，但不同句法成分发生后语抢先的概率差别很大，其中谓语和状语后语抢先的频率最高，宾语和主语次之，另外还有少量其他成分抢先的情况。

（一）谓语抢先

在句子结构的各句法成分中，谓语（指谓语部分的核心成分）是最容易发生抢先的。谓语的抢先一般包括两种情况，一是抢在其修饰语状语之前，二是抢在主语之前。如：

（9）这个这个这个不对，打人是不对的，但是嘞，他没有让座也是礼貌问题，唉，<u>不尊敬，对老年人不尊敬</u>，呵呵呵。（87岁，男性）

（10）那个南矶山那个小学呀，哎呀做得几漂亮啊，那个乡政府所在地都是一<u>那个建筑物都是一</u>一样的颜色，屋顶上一样的颜色，墙一样的颜色，看过去很漂亮啊。（88岁，女性）

上述两例都是谓语抢先，例（9）的谓语"不尊敬"抢在其修饰语"对老年人"之前，例（10）的谓语"都是"抢在主语"那个建筑物"之前。谓语抢先的情况比较常见，我们在80岁以上老人的近20万字的口语材料中共找到239例后语抢先的情况，其中谓语抢在状语前的有52例，谓语抢在主语前的有35例，二者合计87例，占所有例子的36%。

（二）状语抢先

句中状语也是很容易发生抢先的句法成分，状语抢先包括两种情况：一是在"主语+状语+谓语"结构中状语抢在主语之前；二是多项状语中本应该后说的状语抢先说出来。如：

（11）你年轻的时候尊敬老人，将来你老了<u>也人家也会尊敬你</u>。（87岁，男性）

（12）当然略我有很多同事都坚坚决不去，那我们两个呢是党说去咱就去咯，就来了。唉，来了我们就当时很，<u>一来的时候就很很苦啊</u>。（82岁，女性）

上边例句都是状语抢先，例（11）的状语"也"抢在主语"人家"之前，例（12）是程度状语抢在时间状语之前。多项状语连用时都有一个习惯的先后顺序，根据句法相似性原则，与中心语的语义关系越近的状语在句法位置上离中心语也越近，在一个状中结构的句法序列中其位置就越靠后。一般情况下，多项状语按语义关系大致遵循后边的排列顺序："目的→时间→处所→范围→情态/程度"。例（12）程度状语"很"明显应该紧邻中心语"苦"的，却抢在了时间状语"一来的时候"之前。状语抢先和谓语抢先一样很常见，我们在总共239个后语抢先的例子中，共发现状语抢在主语之前的有50例，多项状语中后语抢先的有19例，二者合计69例，占所有例子的29%。

（三）宾语抢先

宾语主要有两种，一是"动词 + 宾语"，二是"介词 + 宾语"，这两种宾语都处于结构的后部，但在口语交际中常常会发生宾语抢在其直接配置成分动词或介词的前面，甚至可能抢在其上层配置主谓结构的主语前面。如：

（13）人家这个富人，像西方国家人家富了以后他到最后我财产全部拿出来做公益事业，是吧，那你富了以后人他，他，人家很尊重他。（80 岁，男性）

（14）后来现搞一个国内械药厂，械药厂，后来搞一个美容的搞上去了，我们把我们又调到了省里来了这样调到这里来了。（84岁，男性）

上边例句都是宾语抢先的情况，例（13）的宾语"他"不仅抢在动词"尊重"之前，而且抢在小句的主语"人家"之前了，例（14）的宾语"我们"抢在介词"把"之前。从语料分析来看，宾语抢先的情况不是太多，在总共239个后语抢先的例子中，只发现动词宾语抢先的24例，介词宾语抢先的7例，二者合计31例，占所有例子的13%。

（四）主语抢先

一般情况下主语都位于句子的最前面，不存在后语抢先的情况，但有时候句首会出现时间、地点方面的状语或关联词语，这时也会发生主语抢先的情况，另外以主谓短语作谓语的句子，其小主语也会有抢在大主语之前的情况。如：

（15）他是医院里面的主任医师，他当过院长，呃当过党委书记在医院里面，<u>他但是他</u>现在离开了，为医生呐职业没有保障，受到威胁。（87岁，男性）

（16）现在报纸如果广告太多，所以我们都都广告是不太爱看的，<u>我们广告我们</u>不太关心，呵呵，我们也参与不了。（83岁，男性）

上边例句都是主语抢先，例（15）的小句主语"他"抢在句首关联词语"但是"之前；例（16）"广告我们不太关心"是主谓谓语句，小主语"我们"抢在大主语"广告"之前。主语抢先和宾语抢先一样数量不多，在总共239个后语抢先的例子中，抢在句首状语之前的只有18例，小主语抢在大主语之前的只有5例，二者合计23例，占所有例子的10%。

（五）其他后语抢先

除了上述谓语抢先、状语抢先、宾语抢先、主语抢先之外，还有少量其他成分抢先的情况，主要包括定中结构的中心语抢先、动补结构的补语抢先、多项定语的后语抢先、联合短语的后语抢先，甚至还包括句子的抢先。如：

（17）一个是武汉战场，那是叶挺，就是<u>名将北伐名将</u>叶挺，在南昌的江西名将就是我的父亲，易简，简单的简。（87岁，男性）

（18）我就在那里学学那个什么，古典文学，在那里听课，

嗯，老师<u>真好讲得真好</u>，呵呵呵呵。(88 岁，女性)

(19) 日本投降以后，这个<u>江西省原来江西省</u>的省政府的主席就是省长咯，他做了东北巡员的接收。(86 岁，男性)

(20) 我们讲原来村牌子里的房子没有人住了，年轻人都打工去了，年老弱病残的人老那个<u>婆婆公公婆婆</u>呢就带孙子。(85 岁，男性)

(21) 你儿女不可能的啦，你看他在瑶湖上班，他住也不住在瑶湖那里，如果住瑶湖跑到这里，<u>你打个电话你这里摔倒了，你打个电话去</u>，万一找不到人呢？(82 岁，女性)

上边例句都出现了后语抢先的情况，例（17）是定中结构"北伐名将"的中心语"名将"抢先；例（18）是动补结构"讲得真好"的补语"真好"抢先；例（19）是表领属的定语"江西省"抢在表时间的定语"原来"之前；例（20）是联合短语的后语抢先，"公公婆婆"是习惯的表达方式，其语序符合传统文化特征，此处本应后出现的"婆婆"抢先了；例（21）是句子的抢先，按逻辑顺序应该是先说"你这里摔倒了"再说"打个电话过去"，这里本该后说的句子"你打个电话过去"抢先说了。这五种类型的后语抢先都不是很常见，在总共 239个后语抢先的例子中，定中结构中心语抢先的有 9 例，动补结构补语抢先的有 9 例，多项定语的后语抢先有 4 例，联合短语的后语抢先有 6例，句子抢先的只有 1 例，这五类后语抢先总共有 29 例，占总数的 12%。

三、后语抢先发生的深层原因

为什么口语中常会发生后语抢先现象呢？又为什么不同句法成分发生抢先的概率差别很大呢？我们认为既和话语生成的心理机制有关系，

也和话语表达的语义重心有关系。

（一）语法转换滞后于语义表达

后语抢先现象的发生应该有比较复杂的心理认知方面的原因，我们认为，很重要的一个原因是说话人大脑中语法转换速度滞后于语义表达速度，使其所想要表达的话语形式和实际说出来的话语形式不一致。陈建民（1984）把某些后语抢先现象看作是重复，并且指出是"想跟不上说而引起的反复"。我们认为，如果不考虑语用需求的话，话语的生成涉及两个层面的问题：第一个层面是语义内容，即说话人要把心中的意思表达出来；第二个层面是语法关系，即说话人要把深层的语义内容转换成表层的语法关系，这种转换的过程就是一个思维的过程，"想"的过程。从逻辑顺序来说，应该是先有语义表达的需要，然后把这些语义内容转换成一定的语法形式，并借助语音表达出来，就生成了合乎人们表达习惯的话语。这个语法转换的思维过程在使用外语时比较明显，特别对于那些外语不太熟练的人而言，往往需要先想好表达的内容，然后找到表达这些内容的词语并按照一定的语法方式组合起来，才能生成合格的话语，说话人可以很明显地感觉到这几个过程是割裂开来的。然而对于母语使用者来说，语义内容的选择和语法组合的生成几乎是同步的，想到什么就会说出什么，需要说什么马上就能组织有效的语言，一般都感觉不到这里有两个不同的过程，并且说出来的都是合乎本民族语法的流畅的话语。但是，有时候，语法组配的速度滞后于语义表达的速度，说话人根据自己需要表达的语义直接说出承载该语义的核心词语，而来不及进行必要的语法转换，从而造成后语抢先现象。如：

（22）那个时候，读那个数理化啊，那个微积分啊，一天到晚睡不了觉，搞得，噶不行，马上，又转到北京去，把我们，因为我们家里考虑培养我们，第一批大学生呐。（84岁，男性）

上例（22）两划线处都体现了语法组配的速度滞后于语义表达的

速度。第一处划线部分的习惯语法组配是"搞得一天到晚睡不了觉"，很明显，此处的动词"搞得"仅起语法作用，在语义上几乎是可有可无的成分，而"一天到晚睡不了觉"才是最核心的语义内容，是思维活动的聚焦点，所以被说话人抢先说出来了；第二处画线部分的习惯组配是"把我们又转到北京去"，从语义构成来看，"转到北京去"是说话人最想表达的语义内容，而"把我们"仅仅是一个辅助性的背景信息，说话人语法组配跟不上语义表达的速度，先把核心内容说出来，再说出其他成分。

上例（22）说话人可能并没有意识到发生了后语抢先，因此也没有修正，而更多的情况是说话人一般能够意识到后语抢先现象的发生并能及时修正，我们在近 20 万字的老年人口语语料中共发现后语抢先现象 239 例，其中被修正的 229 例，占 96%，而没有修正的只有 10 例，只占 4%，可见绝大多数的后语抢先都会被修正，为什么会被修正呢？因为言语交际中有一个话语的自我监察和反馈过程，即说话人对自己说出的话有一个自我审查的过程，要对自己的话语在正确性和得体性方面做出判断，看看是否符合本民族的语法规则和表达习惯，如果发现在某方面出现偏差，往往会进行补救或更正。桂诗春（2000）指出，有不少证据表明，在制订计划和执行计划之间还有一个编辑过程。这种编辑的运作可以检查所计划的话语是否在语言和社会使用上可以被接受。这可以叫作自我监察，因为检查的结果是改正，所以又称之为自我纠正（self - repairs）。所以说，后语抢先现象被修正，这是话语自我监察和反馈的结果。如：

（23）我还做了一些工作，学校里面就叫我咧，回忆把一些工作情况呢回忆一下写了一些，目前我已经写了两篇。（86 岁，男性）

例（23）说话人大脑里面最凸显的信息成分是"回忆"，所以很自然地说出了"学校里面叫我回忆……"但说话人说出"回忆"之后就感觉到说得不太完善,应该说得更具体,于是就补充了状语"把一些工作情况",再继续前面的话语"回忆一下",这就是在大脑对话语进行有效监察之后的修正。

(二)重信息成分凸显

在说话中,说话人的思维聚焦点主要集中在承载信息量比较重的句法成分上,这些成分最容易抢先说出来。句中每一个句法成分都承载了一定的信息内容,但不同句法成分所承载的信息量轻重并不一样,这种信息量轻重的差别一方面和句子的固有结构有关,另一方面和特定语境的表达需求也有关系。一般来说,句子前部成分所承载的信息量相对比较轻,后部成分所承载的信息量相对较重,这就是线性增量原则,即随着句子推进,线性顺序靠后的成分比靠前的成分提供更多的新信息。所以,按一般规律,主语的信息量较轻,谓语的信息量较重,宾语和补语的信息量也较重。当然,上下文语境或说话人的主观视点有时会改变这种句子信息分配的一般规律,在特定的语境中,句子前面的成分也一样可以负载较重的信息量。后语抢先体现的就是重信息成分凸显的特征,即抢先成分一般都负载了较重信息量。

第一,抢先谓语的重信息性质。

谓语是句子的核心成分,是句子生成的关键性成员,特别是与其前面的成分相比较,往往承载了比较重的信息量,因此比较容易发生抢先现象。谓语抢先包括两种情况,一是"状语+谓语"结构中谓语抢在状语之前,二是"主语+谓语"结构中谓语抢在主语之前,在这两类结构中,谓语所承载的信息量都要比其前的状语和主语重。如:

(24)我首先是在南昌市的文联,文化局工作,工作了,前后工作了大概将近二十年,到80年代的时候才被调到这来,调到师大来。(81岁,男性)

（25）他能够吸取教训，所以一个人能够反思，<u>不会反思一个民族不会反思</u>就不会不会进步，也没希望。（80岁，男性）

例（24）是属于"状语＋谓语"结构的谓语抢先，这两个句法成分相比较而言，谓语"工作"的信息量要比状语"前后"重，说话人需要表达的基本意思是"在文化局工作了近二十年"，状语"前后"虽然具有某种强调作用，但主要是一种主观态度性的信息，语义内涵也比较模糊，所以即使没有也不会影响句子基本信息的传递。例（25）是"主语＋谓语"结构的后语抢先，谓语"不会反思"抢在主语"一个民族"之前，此处说话人想要强调的是"反思"的重要性，不管是一个人还是一个民族都需要反思，所以谓语动词"反思"的信息量明显比主语"民族"的信息量要重。

第二，抢先状语的重信息性质。

抢先的状语都位于主语和谓语之间，如果同其后的谓语相比较，状语所承载的信息量当然比较轻，但如果同其前的主语相比，其承载的信息量又要重一点，因为汉语中大多数篇章中间的主语几乎都是可有可无的成分，负载的信息量都非常轻。状语在句中尽管不像名词一样可以承担特定的语义角色，但其承载的情状方面的信息量也是很明显的，能表达说话人说话的态度或语势，所以自然很容易抢在主语之前，或者状语之间互抢。状语抢先主要是"主语＋状语＋谓语"结构中状语抢在信息量更轻的主语之前，也有少量"状语$_1$＋状语$_2$＋谓语"结构中状语$_2$抢在状语$_1$之前，二者都是重信息成分抢在轻信息成分前面。如：

（26）其他的<u>天天啊，南昌省政府</u>哇，哈啊，天天都讲呀怎么贯彻这个三中全会的精神呐，我们都天天看呐。（83岁，女性）

（27）小孩可怜啊，瘦了，自己奶水又不好，因为愁愁愁这个生活，<u>然后就我</u>就拿了一件我心爱的毛衣，到菜市场去换了一只鸡。（82岁，女性）

（28）哎呀，南昌的印象，南昌的印象就很索了。我现在那个，<u>已经在南昌已经</u>六十年了。我来南昌的时候，来南昌的时候乱七八糟的。（83岁，男性）

例（26）是状语"天天"抢在主语"南昌省政府"之前，很明显此处的说话人大脑中最重要的信息就是"天天"，显示其频率之高，状语负载的情状方面的信息量非常重，而其主语倒是一个次要信息了。例（27）的状语"就"负载了比较重的语势方面的信息量，状语"就"抢在主语"我"之前，紧跟在"然后"的后面，使前后句语势上更连贯，能显示前后动作的紧接性，也更能凸显出生活条件之艰难与无奈。例（28）是属于状语之间的后语抢先，时间状语抢在地点状语之前，因为上文一直在谈对南昌的印象，所以此处地点状语"在南昌"所负载的信息量非常轻，而说话人需要强调的是在南昌的时间之久，所以时间状语"已经"承载了比较重的信息量，其抢先能加强这种肯定的语气。

第三，抢先宾语的重信息性质。

宾语抢先主要是"动语＋宾语"结构中宾语抢在动语前，也有少量"介词＋宾语"结构中宾语抢在介词前的情况。很明显，动宾结构的宾语一般位于句子的最末端，承载了最重的信息量，是说话人注意的焦点，所以容易发生抢先现象；介宾结构的宾语对于其前的介词而言，自然也承载了更重的信息量，也可能抢在介词之前。如：

（29）我又不到外面锻炼，就在家里，起得比较晚，起得比较晚，大约七八点，八点钟才起来，起来嘛反（正）<u>家里就一天就在在家里</u>。（81岁，男性）

（30）以前各个朝代都要有一个把实际情况都记载下来，今天发了什么命令，今天大臣讨论什么做了什么事，都要<u>实际按实际</u>写咧，那是写历史的一个根据。（86岁，男性）

例（29）是说话人讲述自己一天的生活，因为说话人的活动范围只局限于"家里",所以宾语"家里"自然是重信息成分,而动词"在"承载的信息量则比较轻,所以宾语抢先了。例(30)是宾语"实际"抢在介词"按"的前面,很明显,介词承载的信息量很轻,所以容易被其后的宾语抢先。

第四,抢先主语的重信息性质。

一般来说,主语是轻信息成分,不太容易发生抢先情况,但是在特定语境中主语也可能承载一定的信息量,至少比其前面成分的信息量要重,所以也可能发生抢先现象。如:

> (31)他要辩证治疗,这个他拿出来处方不是每个人都能用的,你还要去找老师找医生,唉,根据来增减,所以<u>我就一般我就</u>听最能接受的是于康于康教授讲的。(88岁,女性)

> (32)后来我我因为我这个我跟我老婆谈恋爱了,她就分到江西来了,所以我就要求一起到这里来,就这样。(80岁,男性)

例(31)说话人先说很多医生在电视上谈保健的事,然后说自己最能接受的是于康教授所讲的,所以后句的主语"我"承载了重信息,而其前的状语"一般"则是一个可有可无的成分,即使删除也不影响信息传递;例(32)的主语"我"比关联成分"因为"承载的信息量明显要重,"因为"也是一个无足轻重的成分,即使不出现也不影响表达。

第五,其他抢先成分的重信息性质。

其他后语抢先情况都一样,抢先的成分一般比其前面的成分承载了更重的信息量,如下边列举的定中结构和动补结构的后语抢先就都是后者的信息量更重。

> (33)师范就必须要师范这个专业啊,要学钢琴啊,不能不能走啊,就把我卡到了,让<u>爱人我我爱人</u>先来了,后来我还是来了嘛,我夫妻两个不能老分开。(87岁,女性)

（34）因为这个工业化啊，人民的生活水平<u>这么快</u>，这个提高<u>这么快</u>，才有这么多的汽车。（82 岁，男性）

例（33）是定中结构的中心语抢在修饰语之前，说话人介绍自己夫妻二人调来江西师大的过程，先说了自己"卡到了"不能调动，然后说其"爱人先来"，很明显在讲完自己的事情之后，说话人大脑中想到的是"爱人"这个词，所以直接就脱口而出了，然后追补出其修饰语"我"。例（34）是补语的抢先，很明显说话人要强调的是生活水平提高的速度之快，所以结果补语"这么快"承载的信息量比动词"提高"要重。

（三）轻重信息成分的较量

由上文分析可知，后语抢先现象的发生主要是因为重信息成分是话语中最凸显的成分，在话语思维的过程中吸引了说话人的注意力，从而很容易抢在信息量较轻的成分之前说出来。从语料分析也可以看到，大多数句法成分都可能发生后语抢先现象，但不同的句法成分发生后语抢先的概率差别很大，在我们找到的总共 239 个后语抢先的例子中，各种句法成分后语抢先的频率差异很大，具体数据如表 6 - 1 - 1 所示：

表 6 - 1 - 1

数量特征＼抢先类型	谓语抢先	状语抢先	宾语抢先	主语抢先	其他成分抢先
例句数量	87	69	31	23	29
所占百分比	36%	29%	13%	10%	12%

表 6 - 1 - 1 统计显示，谓语和状语抢先的频率最高，宾语、主语其次，补语等其他成分抢先的非常少，那么为什么会有这个差别呢？我们认为这是由比邻成分信息量轻重的级差大小决定的，比邻成分所承载的信息量差异越大就越容易发生后语抢先现象，如果两成分都负载了较重

的信息量，那么二者都会成为话语思维的重点，一般就难以发生后语抢先现象，只有当后面成分的信息量较重而前面成分的信息量又较轻，即二者的信息量级差较大时，才比较容易发生后语抢先。换句话说，后语抢先行为的发生并不是完全取决于句法成分本身固有信息量的轻重，而是主要取决于两个比邻成分的信息量轻重的较量。

各种句子成分所承载的信息量轻重和句法位置密切相关，根据句子信息结构的线性增量原则，越靠后，句法成分的信息量越重，那就是说靠前的成分其信息量都比较轻。一般来说主语的信息量是最轻的，因为主语一般都是旧信息，在句法位置上也最靠前。谓语很明显其信息量是比较重的，从语言生成的视角来看，谓语是句子的核心，其他成分都是依附在谓语之上的，所以谓语在句子中应该是负载了比较重的信息量。状语一般在位置上都比较靠前，但在语义上尽管不太承载很实在的概念内容，却经常有很强的情态意义，所以从句法位置来看属于轻信息成分，而从表达语义来看则属于重信息成分，因此我们认为句中状语应该属于次重信息成分，句首状语则是轻信息成分。宾语和补语都处在句子的最末端，负载了最重要的信息量，属于重信息成分。

我们把这种句法成分的信息量特征图示如下：

句首状语，主语	+	句中状语	+	谓语+宾语/补语
⇩		⇩		⇩
【轻信息成分】		【次重信息成分】		【重信息成分】

从图示可以看出，句子成分所承载的信息量可以分成三种情况：句首的轻信息成分，主要包括句首状语和主语；句中的次重信息成分，即句中状语；句末的重信息成分，主要包括谓语和宾语、补语。句首的轻信息成分在说话人大脑中一般都不太能占据思维焦点位置，而句中、句末的重信息成分则都会成为话语思维的聚焦点。很明显，句中谓语是一个非常关键的成分，谓语和其前面的成分相比，是重信息成分与轻信息

成分或次重信息成分的关系，其信息级差比较大，而谓语和后面的成分相比，是两个重信息成分的关系，其信息级差相对来说比较小。换句话说，谓语抢先是跨越一个轻信息成分或者次重信息成分，所以很容易发生；而宾语和补语等成分的抢先则是跨越一个重信息成分，所以不太容易发生。这就能够解释为什么不同句法成分发生后语抢先的概率有差别。

主语是最容易被后语抢先的成分。一般来说，主语是旧信息，也就是说，主语是信息量最轻的成分，在说话过程中一般都不能引起太多的关注，说话人一般都不会太留意，所以就成为最容易被后语抢先的成分，而紧挨主语之后的成分是状语和谓语，因此谓语和状语都很容易抢在主语之前。如：

（35）我我有四个小孩，四个子女，三个男的一个女的。一个男的呢，呃，<u>是，</u>他是在这个在美国，在美国。（89岁，男性）

（36）我们下一代都<u>他们都</u>很喜欢这里，是吧。（81岁，男性）

例（35）是谓语抢在主语前，表判断的谓语是一个关键性成分，是不可缺少的成分，而作为主语的"他"则完全可以省略，信息量非常轻，所以很容易被谓语抢先；例（36）中的"他们"几乎就没有新的信息量，因为它是复指前面的"我们下一代"，而范围状语"都"则有强调意味，所以状语很容易抢在主语前面了。

谓语抢在状语之前也很容易发生，这是重信息成分对次重信息成分的抢先。谓语很明显是话语思维的聚焦点，是说话人很关注的内容，而状语则只有情状意义，缺乏概念语义，二者之间的信息量级差比较明显。如：

（37）你找我<u>没有</u>，恐怕没什么，没什么代表性。（89岁，男性）

例（37）的状语"恐怕"并没有很客观的概念内容，也可以说是可有可无的语义成分，因此很容易被其后的谓语抢先。

宾语、补语等成分抢在谓语之前发生的概率相对就要低了。因为宾语、补语和谓语都是重信息成分，在说话中都是话语思维的聚焦点，都是说话人关注的内容，所以发生后语抢先的概率相对要低。主语抢先的概率当然也不高，因为主语一般都是轻信息成分，所以其抢先往往需要一个特定的强调主语的环境，而且主语抢先都是抢在句首状语之前，而自然口语中出现句首状语的句子又不是太多，所以主语抢先自然概率不高了。至于其他如联合短语的后项抢先、多项定语的后项抢先、定中短语的中心语抢先等，之所以出现频率也低，一方面是因为抢先项与被抢项之间的信息量级差不是太大，另一方面也和这些句法结构在自然口语中数量不是太普遍有关系。

四、后语抢先的非流利性质及其年龄关联度

后语抢先一经修正自然就会产生词语的非语用性重复，从而增加了话语的累赘性成分，使语言显得臃肿，影响了语言的流畅性，属于口语非流利现象，如果把抢先说出来的词去掉，话语会更加简明流畅。如：

a. 小学老师呢，是有，一个月是有200斤的大米。（82岁，男性）

→小学老师呢，一个月是有200斤的大米。

b. 那个时候，那个时候好好出去一趟好艰难哪。（88岁，女性）

→那个时候，那个时候出去一趟好艰难哪。

c. 南昌市一个一个一个好大的一个风景就是老年人上公共汽车都会让座。（82岁，女性）

→南昌市好大的一个风景就是老年人上公共汽车都会让座。

上边例a、例b、例c三个例子都来源于老年人口语语料，都出现了后语抢先现象，致使话语的流畅性降低，把这些抢先说出来的词语去

掉之后，话语的流畅程度明显提高。

很多人在口语表述中都会出现后语抢先现象，从年龄特征来说，老年人相对于年轻人更容易出现，高龄老人比低龄老人更容易出现。上文已述，我们把受试以5岁为一个年龄段分成5组，每组10人，我们还调查了10位40来岁的中年大学教师，以此作为参照，所有受试全是男性。我们对所有调查对象的自然口语进行录音并转写，每一个调查对象选取2000字的语料，也即每一个年龄组选取20000字的语料，然后通过人工统计其中出现后语抢先的次数。下边是具体的统计数据：

表 6 - 1 - 2

	中年组 35～45 岁	老年一组 65～69 岁	老年二组 70～74 岁	老年三组 75～79 岁	老年四组 80～84 岁	老年五组 85～90 岁
语料字数	20000 字	20000 字	20000 字	20000 字	20000 字	20000 字
抢先次数	30 次	39 次	48 次	44 次	46 次	56 次
平均数	30 次	47 次				

上边表 6 - 1 - 2 的调查数据表清楚地显示了非流利性后语抢先的出现频率与年龄的关联度，从中可以窥测老年人口语流利表述能力与老龄化之间的联系。第一，整体上老年人出现非流利性后语抢先的频率明显高于中年人，其比率大约是中年人的1.6倍，因此可以得出一个基本结论：老年人口语的流利度整体上低于中年人。第二，从年龄层级来看，基本趋势是，随着年龄的增加，出现非流利性后语抢先频率越来越高，因此大致可以得出结论，随着人的衰老，口语流利表述的能力在缓慢下降。

第二节　舌尖现象

一、舌尖现象的界定

人们在日常口语表达中经常会有这样的自我感知，某个词突然间想不起来了，并且往往认为自己知道这个词，马上就能说出来的，只是暂时忘记了这个词的词汇表征，并且有自信最终可以回想起来这个词（目标词），这种词汇提取困难的现象学术界称为舌尖现象（The-Tip-of-the-Tongue Phenomenon，简称 TOT）。心理学家威廉·詹姆斯（William James）在其著作《心理学原理》一书中最早提及舌尖现象，其后国内外有过很多相关研究。舌尖现象在不同年龄阶段都有表现，但是老年人表现尤为明显。如：

（1）这个∷ 呃∷ 条∷ 家∷ 家庭条件都还可以啊，我的生活还可以，不是很好，但是过得去啊。（男性，71 岁）

（2）他他他两个儿子在在我这里读啊都考取了大学嘞，就是我自己的儿子没有，哈哈哈，一个考取这个呃∷ 呃∷ 中国巡警学院。（男性，71 岁）

上边例（1）说话的老人想提取的词汇的是"家庭条件"，但这里出现了明显的提取困难。这位老年人词汇提取困难在形式上有三个表现：第一，出现了明显的填塞性的"这个"，此处的"这个"不是指示代词，而是填塞在话语中的累赘性成分（刘楚群，2015）；第二，出现了明显的填塞性的"呃"，此处的"呃"不是叹词，也不是助词，而是填塞语（刘楚群，2020）；第三，出现了相对较长的非流利性停顿，此类停顿是口语非流利产出的表现，往往意味着言语产出遇到了困难。（缪海燕，2009）无论是填塞性的"这个""呃"还是相对较长的停顿，都在客观上增加了回忆或者说提取目标词的时间，是明显的舌尖现象。例（2）情况一样，说话人在谈到考取了某个学校时，很明显是忘记了这个学校的名称，词汇产出遇到了困难，在"考取"后面应该接具体学校的名称，然而出现的是填塞成分"这个"，紧接着便出现了两次停顿，还伴有两个填塞性词语，这都表明说话人正处于词汇提取困难的状态，需要时间思考。

　　伴随舌尖现象的除了出现上述的非流利性停顿或填塞性成分之外，有时还会出现大量描述性的话语，即在提取出目标词之前对目标词的某些特征展开描述，借此提供获取目标词的线索，同时客观上也延缓了提取目标词的时间。如：

　　　　（3）啊，还是退休以后，这个这个给我们评的这个这个，啊，呃，刘刘那个刘什么，那刘刘刘什么那个最有学问的，经常来，刘什么？<u>刘世南，刘世南</u>，姚品文，知道啵？（男性，87 岁）

　　例（3）说话人没有在"评的"后面说出目标词，而是说出了一系列与目标词相关的信息，"退休之后""给我们评的这个这个"，然后提取出了目标词的部分内容，姓"刘"，接着继续描述目标词的特征，"最有学问""经常来"，并穿插了某些填塞性成分，如"呃""这个这个""什么"，说出了大量的描述性话语后才最终提取出目标词"刘世南"，这是典型的舌尖现象，体现了说话人词汇产出的困难。

二、老年人舌尖现象的类型

　　我们根据语料分析结果将老年人舌尖现象分为五种类型：一是描述型舌尖现象，二是迟滞型舌尖现象，三是填塞型舌尖现象，四是偏误型舌尖现象，五是复说型舌尖现象，当然这五种舌尖现象在口语中并不是截然分开的，往往几种类型纠缠在一起。

（一）描述型舌尖现象

描述型舌尖现象是指说话人在临场表达时，一时无法准确提取目标词，却能很清楚地记得与目标词有关的信息，于是会在说话过程中，对这个目标词的各个方面特征进行描述，期望能通过这种方式刺激大脑，以成功提取目标词。我们根据说话人最终是否准确提取目标词把描述型舌尖现象分为两类：描述成功型舌尖现象和描述失败型舌尖现象。

1. 描述成功型舌尖现象

说话人出现舌尖现象时，往往会对目标词进行详尽地描述，通过描述目标词的相关信息对大脑进行刺激，最终成功提取目标词。如：

（4）我说现在主要是你自己决定啦，是吧，你、你、你愿意怎么做就怎么做嘛，噶就考、考、考、考出国留学，考出国留学就取取，录取在那个、那个美国那个佛罗里达州，佛罗里达州的首府叫作迈阿密，有一个<u>迈阿密大学</u>，噶就噶就在那个学校，在那个学校读博士。（男性，80 岁）

（5）我现在已经十年了，那我想，我想我就不想，不管你那么多啦，能玩的就玩，能那个就，所以我是前不久我还到那个啦，到那个，靠近西南边，边上的那个，<u>敦煌</u>。（女性，76 岁）

上述例（4）（5）都是出现了词汇提取困难的现象，说话人一开始并没能够说出目标词，而是说出了一系列与目标词相关的信息，并在表达信息途中出现了填塞语或者短暂的停顿，这表现了说话人尽力搜索目标词的状态，以通过这种方式来刺激大脑，成功提取目标词。例（4），说话人对该目标词的地域特征进行了详细的描述，"美国""佛罗里达州""迈阿密"，最终成功提取目标词"迈阿密大学"。例（5）目标词是"敦煌"，描述的信息为，"前不久""我还到那个啦""靠近西南边"（此处有口误，应为"西北边"）。

2. 描述失败型舌尖现象

有时说话人尽管对目标词进行了详细的描述，然而最终提取目标词依然失败了，我们称之为描述失败型舌尖现象。描述失败型舌尖现象有时也不是完全失败，可能是部分失败，想起了目标词的部分内容。据此又可以把描述失败型舌尖现象分成两类：部分失败型和完全失败型。

第一，部分失败型舌尖现象。

该现象是指说话人最终虽然没有提取出完整的目标词，但是回想起了目标词的部分内容，即为部分失败型舌尖现象。如：

（6）后来人家说你坐的这趟车呀就是到::呃::到我们师大的那个新新：呃：202那边哈::呃::大学生比较多，让座的比较多，我不知道是不是这样。（女性，79岁）

（7）我们这里闯红灯的，现在慢慢要好一些，为什么因为因为有有有那个市市场那个那个那个监管的那个叫好好多呢在拦的那里，用绳拿一根绳子拦的那里，（访谈人员：交警线）唉交警交警还有叫什么管呐，唉那个拦的那里要好一点。（男性，74岁）

（8）我一从台上一下来，他们说想不到邬老师这么会说，这它那台长啊，这它那、那个公共频道的，它那个、那台长嘛，叫，叫什么名字呀？叫刘——现在是江西教育广播电视台的副台长，他就说，哎呀，他说，邬老师你，不上电视，简直是太可惜了。（男性，67岁）

例（6）目标词为"新校区"，说话人描述目标词的地域特征是"师大"，继而回想起目标词的前面部分"新"，乘坐的公交车"220"，环境特征是"大学生比较多""让座的比较多"，但最终也没有提取出完整的目标词。例（7）通过语境可知，目标词应为"协管"，但最终说话人也没有提取出完整的目标词，只描述了目标词的基本信息，地点是"市场",作用是"监管",数量特征是"多",动作特征是"拦",使用道具是"绳子",并且通过这些描述性的话语提取了目标词的后面部分内容"管"。例(8)的目标词应该是一个人的名字,然而说话人无法直接说出该人物的名字,却说出了大量描述人物信息的话语,职位是"台长",工作单位是"公共频道",还使用了疑问句"叫,叫什么名字呀?"很明确地表明说话人对该人物名字的确是忘记了,即出现了舌尖现象,但成功提取目标词的部分内容——姓"刘"。

第二,完全失败型舌尖现象。

完全失败型舌尖现象,指的是说话人在说出一大段描述性的话之后,仍然没有提取出目标词的任何部分内容,提取目标词完全失败。如:

(9)再一个,我就呃我的学生,就是师大的那个::唉,师大的那个侨联主席,是我的学生,化学系的,他办了一个专门落榜高考的补习班,那就是::他说,温老师,你再送我一程。(女性,80岁)

(10)现在的,嗯::现在比较有名的你像这个,嗯,写《活着》的那个那个小说的小说家叫什么,都是在这里。(男性,81岁)

上述例子皆是最终提取目标词完全失败的类型,例(9)依句意可知目标词是说话人的学生名字,信息描述为身份是"师大的那个侨联主席""我的学生",专业是"化学系",经历是"办了一个专门落榜高考的补习班";例(10)目标词为小说《活着》的作者名字,描述了小说的名称是"《活着》",知道目标词是一位"小说家",但目标词"余华"最终还是没有提取出来。

描述成功型舌尖现象和描述失败型舌尖现象也可能出现在同一个语段。如:

（11）那个香烟，最好的香烟，当时最好的香烟你说是什么牌子？（访谈者：我不知道。）最好的香烟叫东方牌，<u>第二个好、第二等的呢就是邓爷爷抽的叫什么，熊猫，</u>（访谈者：邓小平抽的？），邓爷爷，邓小平，<u>第三等呢是上海出的，叫什么东西，</u>大前门是第四等的。（男性，78岁）

第一处为描述成功型舌尖现象，目标词为香烟品牌"熊猫"，说话人一开始并没有想起目标词，而是描述了其特征，即"邓爷爷抽的"，还使用了"叫什么"这种填塞性成分，最终才提取了目标词；第二处则是描述失败型舌尖现象，且是完全失败型，目标词也是一个香烟品牌，说话人描述了该香烟的产地为"上海"，但叫什么名字一直没想出来。

（二）迟滞型舌尖现象

说话人有时想不起某个目标词时，会出现一些短暂的停顿，这些停顿能延缓提取目标词的时间，我们把这种情况称之为迟滞型舌尖现象。根据停顿的位置可以分为词语前迟滞和词语内迟滞。

1. 词语前迟滞

词语前迟滞是指说话人在说到某个词语时，突然发现无法提取该词语，于是在说出这个词语前，会出现短暂的停顿。如：

（12）这就要求学生一定要亲自出操，出操的目的就是锻炼自己的意志，啊锻炼我们::生物钟。（男性，70岁）

（13）啊，所谓"事功派"就很像宋朝的::叶适、陈亮他们，啊，也像明朝末年，清代初年的颜李学派，啊。（男性，90岁）

（14）唉，下放以后咧我们这个当时唉，这个下放::上高县。（男性，80岁）

在上述例（12）至（14）三个例子中，说话人都出现了在目标词前的停顿。目标词分别是"生物钟"和"叶适""上高县",说话人在说出目标词前,皆有一个语音上的停顿,即意味着在词汇产出方面,说话人遇到了困难,需要时间进行搜索,以便顺利提取出目标词。

2. 词语内迟滞

有时说话人说出了目标词语的前一部分后却突然想不起后一部分内容了,从而出现短暂的停顿,最终才说出目标词,我们称之为词语内迟滞。这种词语既包括了语法意义上的"词"和"固定短语",也包括了在具体语境中可以作为一个整体使用的固化结构。

（15）我们这个北京::西路、北京东路,当年是叫作第四交通路。（男性,78 岁）

（16）我父亲虽然他没有文化,你像河南::梆子啦,河南豫剧咯、河南曲子咯,他背着个锄头一路走到地里走的时候都会唱,我跟到后面也会跟他们跟着他们学一点,是吧。（女性,80 岁）

上述例（15）（16）都是说话人在词语内出现了停顿,即说出了目标词的前半部分而没能马上说出后半部分,出现了短暂的停顿。两个例子的目标词分别为"北京西路"和"河南梆子",均在词语内部出现了停顿,先产出了目标词的一部分内容如"北京""河南",然后便进入了短暂的停顿状态,最终才产出目标词的剩余部分"西路""梆子"。

还有一些迟滞的情况,不仅仅出现了停顿,还伴随着填塞语的使用。如:

（17）他他他两个儿子在在我这里读啊都考取了大学咧,就是我自己的儿子没有,哈哈哈,一个考取这个呃::呃::中国巡警学院。（男性,71 岁）

（18）他讲那你就写一本不要::这个这个这个版费的咯,还可以给你给你这个这个（访谈人员:稿费）稿费咯这什么。（男性,76 岁）

上边例（17）（18）中不仅仅出现了停顿，而且出现了填塞语"呃""这个"等。

（三）填塞型舌尖现象

填塞型舌尖现象是指当说话人一时想不起某个目标词语时，会下意识地说出一些没有交际价值的填塞性成分填充在话语中，比如，"这个/那个""什么"等。根据填塞词语在语句中所担任的角色，我们将其分为两类，替代性填塞型舌尖现象和延缓性填塞型舌尖现象。

1. 替代性填塞型舌尖现象

当说话人一时无法提取目标词时，往往说出"这个/那个""什么"等填塞性词语，这些词语虽然在语法性质上不是指代词，但客观上却替代了目标词语。如：

（19）早晨一起来，这个家，提一个这个煤炉子，拿柴火在这里发炉子烧，一个马桶往往这个这个这个倒。（男性，69岁）

（20）大概离我们家大概有四十、五十里地那个那个山沟里面，那个那个去躲，躲了那个以后呢，有一天听那个那个那个那个那个说啊，就讲呢，那个解放军我们打来了。（男性，83岁）

（21）所以你讲这个南昌想称什么什么什么城市，你看这个你都没管，你还算什么城市。（男性，69岁）

（22）唉，还有第二个儿子，在这考进了这个河、河南什么纺织大学，现在在山东工作。（男性，71岁）

上述例句中的"这个/那个""什么"在性质上都不是指代词，而是填塞语，但因为说话人最终并没有提取出目标词语，所以这些填塞语客观上就替代了目标词语。（刘楚群，2015）

2. 延缓性填塞型舌尖现象

老年人在口语表达中有时想不起某个目标词语时，会大量使用填塞性成分，之后才提取出目标词，这些填塞性成分在客观上为提取目标词赢得了更多的时间，这种情况我们称之为延缓性填塞型舌尖现象。如：

（23）我母亲就比较聪明、灵巧，她会唱很多那个，呵，那个那个就是那个那个就是那个农民哼哼那个小调。（女性，80岁）

（24）那么我们有些那个、那个，你比如，那个、那个、那个、那个玉带河旁边呐，有很多那个很好的休息的椅子，还种了很多、很漂亮的那个月季花什么，慢慢慢慢都会，有些月季花会被、被人家拿走，那个椅子会弄坏来，这都是素质问题。（女性，69岁）

上述两个例子，目标词分别为"小调"和"玉带河"，很明显说话人并没有马上想到目标词，而是使用了大量的填塞性成分"那个，呵，那个那个就是那个那个就是那个""那个、那个，你比如，那个、那个、那个、那个"。

（四）偏误型舌尖现象

说话人有时在想不起目标词的时候，会说出一个邻近词，这个邻近词与目标词往往词义相同或相近，语音相关。（姜敏敏，李虎，2011）这个邻近词并不是目标词，出现了表达上的偏误，产生了偏误型舌尖现象。

（25）我现在告诉你，那施米娜，我那个大孙女儿也在师大演了演了两三次戏了。呃，我那个双胞胎小的也上台演了。她就是有一个基由一个::（访谈人员：细胞基因）欸，细胞，对了。（女性，82岁）

（26）运动会对我们学校来讲停课三天，师生共同参加，全体的师生啊都参加，是一个盛大的，唉体育会，一个盛大的会议，一个一个体育赛事啊，是我们学校里面的一个大事情。（女性，70岁）

（27）对不对？这个时候他就有有有那种闯红灯的这种这种<u>愿望</u>打擦边球啊或者什么东西是吧，唉，唉。（男性，66岁）

上边例句都出现了目标词的偏误，但这种表达的偏误不是随意的，而主要是邻近词。例（25）的目标词是"细胞"，而说话人说出的词是"基因"，二者在词义上相关，都同遗传因子有关。而例（26）的目标词是"体育赛事"，但说话人最先说出的是邻近词"体育会""会议"，最后才提取出了正确的目标词，很明显，"体育会""会议"同目标词的词义相关，都表示某种正式的活动。例（27），"愿望"是书面语词，此句语境中说话人的目标词应该是口语词"想法"，句中明显是邻近词"愿望"替代了目标词"想法"。

（五）复说型舌尖现象

有时，说话人在提取某个目标词时，一时出现了困难，却能想起目标词的部分内容，所以就先说出了并不断重复这想起的部分内容，最终提取出了目标词，我们把这种现象称之为复说型舌尖现象。如：

（28）周总理有一个遗愿，周恩来总理去世咧有一个遗愿，那个要::保护这个线装古籍，这是保护传统文化，要清查，就决定<u>国家叫国家那个国家嘞大概嘞就这个国家文化部</u>主办，这是文化事业。（男性，86岁）

（29）那个那个，到最后我退下来的时候我是处里工资最低的，因为毕业的人都有职称，我是没有职称的，我是<u>一个行政一个行政那个呃行政干部</u>。（男性，83岁）

以上两个例子目标词分别为"国家文化部"和"行政干部"，说话人在提取目标词时有一定的困难，先说出了目标词的前面部分"国家"和"行政"，然后多次重复目标词的前部分内容，并且还有填塞性成分"嘞"和"呃"等，最终成功提取完整的目标词。

复说型舌尖现象一般都是复说目标词前部分的内容，但少数情况下也可能是复说目标词后部分的内容，即说话人最先想到的是目标词的后部分内容，经过复说延时后再最终提取整个目标词。如：

（30）按摩，她首先给我按摩，给爸爸按摩，给妈妈按摩，哎，哎呀那老太婆讲，是这样的呀，拉下<u>经什么经膀胱经</u>，拉下全身发麻，哎呀，这学得蛮好呀！（男性，71 岁）

（31）不晓得你们晓得一个，这本书吧，大革命与::大革命与::唉《旧制度与大革命》，唉，对。（男性，80 岁）

（32）可以说南昌这个交通拥堵，不光是挤而且堵，现在在我们这个地方因为修铁::铁::地铁，那是更胜一筹了。（女性，75 岁）

三个例子的目标词分别为"膀胱经""《旧制度与大革命》"和"地铁"，但是说话人先提出了目标词的后面部分内容"经""大革命"和"铁"，并重复已经提取的部分，最终成功提取完整的目标词。

舌尖现象的发生在词性方面有一定的倾向性规律，以名词最常见。我们共收集到 325 例老年人舌尖现象的语料，目标词的词性分布比率如表 6-2-1 所示：

表 6-2-1

	形容词	动词	名词（289；88.92%）				
			专有名词	抽象名词	物质名词	个体名词	集体名词
发生次数	17	19	141	67	30	41	10
所占比率	5.23%	5.85%	48.79%	23.18%	10.38%	14.19%	3.46%

通过表 6-2-1 的统计数据可以看出：第一，老年人发生舌尖现象的目标词主要是名词、动词、形容词，没发现其他词类，其中名词比率最高，达到 89%。第二，在名词各个次类中，最容易发生舌尖现象的

是专有名词和抽象名词，二者合计占比达到72%。

三、舌尖现象的年龄关联度

舌尖现象是一种非常普遍的言语表现，已有研究显示，舌尖现象的发生率与年龄有着密不可分的联系。伯克等（Burke，1991）发现，与年轻人相比，年纪大的人更容易发生"TOT"，前者每星期0.98次，而后者每星期1.65次。（郭桃梅等，2005）本书通过统计数据探讨舌尖现象和年龄的关联度。下边是具体的统计数据：

表 6 - 2 - 2

	语料词数	舌尖现象次数	舌尖现象频率	平均次数	平均频率
老年五组（85~90岁）	36174	42	1.16%		
老年四组（80~84岁）	43060	73	1.70%		
老年三组（75~79岁）	33887	42	1.24%	45.6	1.37%
老年二组（70~74岁）	21616	41	1.90%		
老年一组（65~69岁）	29730	30	1.01%		
中年组（35~45岁）	21815	19	0.87%	19	0.87%

根据表6-2-2数据，可以大致得出如下几个结论：

第一，舌尖现象是一个普遍发生的言语现象，各年龄阶段均会发生；

第二，老年人发生舌尖现象的频率（1.37‰）整体上要高于中年人（0.87‰），老年人大约是中年人的1.6倍，可见老年人整体上在语言产出能力方面要低于中年人；

第三，随着年龄的增长，老年人发生舌尖现象的频率基本趋势是越来越高，可见语言产出能力与老龄化基本具有负相关性，即年龄越大，语言产出能力越弱；

第四，老年一组（65～69岁）出现舌尖现象频率（1.01‰）同中年组（0.87‰）差异不是太明显，可见65～69岁这个年龄段的老年人其语言产出能力衰退不明显；

第五，老年二组（70～74岁）舌尖现象的频率相比老年一组出现了明显的提高，说明70～74岁可能是老年人语言产出能力衰退的一个重要转折点；

第六，老年五组（85～90岁）相比于其他老年组来说发生舌尖现象的频率（1.16‰）有点偏低，可能到了高龄阶段，老年人因为语速放缓，说话的内容变得更为简单，反倒更加不容易发生舌尖现象了。

四、老年人舌尖现象产生的动因

舌尖现象是口语表达中的常见现象，老年人表现得尤为明显，上边我们的调查显示，舌尖现象的发生频率与老龄化基本具有正相关性，多位西方学者在研究舌尖现象的过程中也发现舌尖现象现象会随着年龄的增长而增多（曾慧，张少林，2008），这与老年人的生理、心理特点有关，也与汉语语言体系的特征有联系。

（一）老年人生理机能的衰退

现有研究表明，老年人出现语言衰老现象的根本原因是老年人大脑组织结构性退化、认知老化，主要表现在加工速度、记忆力、抑制能力等方面。（黄立鹤，2015）这些原因在不同程度上都会导致老年人出现舌尖现象。

身体机能的自然衰老会导致老年人以生理为基础的知觉、记忆和推断等能力都会有所下降，与之相关的语言产出能力也随着人的年龄增长而逐步衰退。研究者们依此提出了一般性延缓理论，该理论认为：包括语言在内，老年人的整体认知过程都在变慢，无论其大脑要执行何种任务或任务中包含何种大脑操作，执行认知操作的速度均不断下降。（姜帆，2016）在操作过程中，认知执行的操作过程变慢，会造成语言行为的失误，语言产出会变得缓慢甚至困难。因此老年人在提取词汇时，会完全提取不出或者只能提取出部分目标词，或者是要花费相对较长的时间才能提取出完整正确的目标词。如：

（33）呃，还有户口呢，这户口呢，要要嗯在出国期间呢，要放到教育部的嗯，人才::人才出国留学出国留学中心，放放放在那个地方，这样的。（男性，81岁）

上例说话人的语言产出顺序是先产出目标词的部分内容"人才"，继而出现短暂停顿，然后产出"出国留学"，进而再产出"出国留学中心"，最终产出完整的目标词，这是明显的语言产出缓慢甚至困难的表现。

传导缺陷理论的出现更好地解释了老年人出现更多的舌尖现象的情况。该理论认为，我们在进行语言产出时，需要刺激词汇结点和音位结点之间的联结，这个联结被激活了，我们才能激活该词的音位表征，从而产出该词。但是由于年龄的增长，老年人的大脑神经活动水平下降，词汇结点和音位结点之间的联结随之减弱，结点之间的激活传输能力也随之下降，最终导致提取词汇失败。因此，导致老年人在口语过程中，要表述某个词时，知道该词的语义，却说不出来这个词的语音形式，即音位结点没有被激活，出现了舌尖现象。如：

（34）结果这个时候呢，一个亲戚，唉，那个::老太婆的那个大哥的儿子，他是住在我家里读书的，他南昌县农村的，他考取了南昌一中二中。（男性，71岁）

上例中，说话人没有激活目标词"外甥"的音位表征，只记得目标词的概念和语义表征系统，而没有激活词汇节点和音位节点的联结，音位表征系统没有被激活，因而在例句中，说话人只是描绘目标词的概念，对语义进行解释，没有出现任何音位表征，导致目标词汇提取失败。

老年人认知功能的衰退也是导致其常常发生舌尖现象的重要原因。认知功能是人们认识客观世界和反映客观事件的各种心理功能。认知老化是指与增龄相关的认知功能的变化趋势。（夏石勇，等，2014）包括注意、想象、学习、记忆和思维等能力都属于认知能力。现有研究表明，人的记忆力50岁前比较稳定，50～60岁后开始减退，70岁后则减退明显。并且，有学者总结出老年人记忆的四大特点：一是初级记忆好于次级记忆，二是再认好于回忆，三是意义识记好于机械识记，四是日常生活记忆好于实验室记忆。（吴振云，等，2001）老年人发生舌尖现象是其记忆能力衰退的表现。如：

（35）我一从台上一下来，他们说想不到邬老师这么会说，这它那台长啊，这它那、那个公共频道的，它那个、那台长嘛，叫，叫什么名字呀？叫刘——现在是江西教育广播电视台的副台长，他就说，哎呀，他说，邬老师你，不上电视，简直是太可惜了。（男性，67岁）

该例子中说话人想提取目标词——电视台的台长时，却说不出这个台长的名字，这时，他就进行回忆，即进行意义记识，他记得该人物的职位以及工作单位等与之相关的信息，却提取不出来该人物的名字，即出现了舌尖现象，这正是由于老年人的记忆减退导致的。

目标词如果音节过长，能够被老年人完整正确记忆的难度就较大，也容易产生舌尖现象，例如，我们在老年人口语材料中发现"人才出国留学中心""社会科学院""外文某培养学校""爱的颂歌——中国首届诗文原创及朗诵大赛"等音节较长的结构都发生了舌尖现象。另外部分话题因为年代久远需要回忆，也容易产生舌尖现象。

（二）目标词被邻近词干扰

汉字是表意体系的文字，从记录语义入手，用符号（字形）直接表示语义，造出义符，以义符带音，即间接表音。由于汉语广泛使用词根复合法，且双音节词占优势，在词根相同的词汇之间，易出现邻近词或干扰词，特别是语义与之相关的词，如例（25）中，说话人想要表达的是"细胞基因"，却说出了"基由"，很明显"基由"是"基因"的邻近词，二者在语形、语音方面有很大的相似性。另外，像是"江南都市报""南昌晚报""江西电视台""南昌电视台"等这类词因语形、语义具有很大的相似性而容易产生舌尖现象。抑制不足理论（Inhibition Deficit Theory）认为，当个体通过语义线索激活目标词时，与目标词相关的干扰词会干扰对目标词的检索和提取，会让个体激活一些和目标词有关但不正确的词汇信息，这些被激活的信息在抑制功能不足的情况下，易造成检索路线的偏离，最终导致更多的舌尖现象。（彭华茂，毛晓飞，2018）已有研究表明，老年人因为通达功能不足的缘故，难以抑制住干扰词的影响，从而会导致出现更高比率的舌尖现象。我们在访谈中发现，老年人出现舌尖现象时，会说出许多相关信息，如：

（36）再一个，我就呃我的学生，就是师大的那个::唉，师大的那个侨联主席，是我的学生，化学系的，他办了一个专门落榜高考的补习班，那就是::他说："温老师，你再送我一程。"（女性，80岁）

（37）我们有的时候去农行，或者那个工行，这个路上好像还没画线撒，反正一个很奇怪的一个，一个，师大旁边有个车站，啊，公共汽车站那里，已经拦到了撒，经常看到一些人，特别是年轻人，男的，女的，他就这样跨过去，那栏架，过到桥底下，他要过来的话，要到前面走一大圈，他就扒着那个栏杆，这个是看到过好多次了。（男性，83岁）

在例（36）中，说话人对目标词的人物的身份、经历、专业等信息进行描述，这是与目标词有关的信息，企图通过这种方式回忆目标词，但是最终她却转向表达了另外一个与目标词任务无关的信息，转而去回忆一句不知道在何时目标词人物说的一句话，即由于抑制功能不足，导致老年人在提取词汇过程中偏离了目标词的检索路线，最终提取词汇失败。例（37），说话人的目标词应该是"现象"或"场景"，指的是生活中自己曾经看到过的一幕，然而其后的话语都是在描述那个"场景"中出现的地点、人物、事情经过等，是在描述这件事情是怎样发生的，这些信息与目标词有关但不正确，并不能帮助说话人提取出目标词，即当前由于抑制不足理论中的通达功能不足，不能阻止与当前任务无关的信息进入到注意中心，他没有继续搜寻正确的目标词，造成了检索路线的偏离，导致舌尖现象出现并且不能解除。

总之，舌尖现象在老年人口语表达中非常普遍，且其出现频率与衰老具有正相关性。舌尖现象的高频产生主要是老年人生理机能衰退的结果，当然也与目标词被邻近词干扰有关。

第七章

结论

　　本书探讨了老年人口语非流利现象的诸多表现形式及相关特征，并以此窥测老年人语言能力的变化情况。语言能力的内涵涉及面很广，很难有一个尽善尽美的定义，但有一点可以肯定，流利表述能力一定是语言能力的重要组成部分。如果口语表达中出现了大量的非流利现象，就在一定程度上可以说明语言流利表述能力的相对低下，口语中非流利现象越多，其语言流利表述的能力也就越低。非流利语言现象是口语表达中的常见现象，因为口语表达具有即时性、临场性、随意性等方面的特征，所以口语表达不像书面语表达那样严谨、简洁、逻辑清楚，也不像书面语表达那样流利，而是有大量没有明显表达效果的重复、填塞、缺损、口误等非流利现象。不管什么年龄段的人在口语表达中都多多少少会出现非流利现象，但是，根据我们的考察，老年人出现口语非流利现象的频率相比年轻人更高，这在一定程度上体现了老年人语言表述能力的下降。我们比较冗余性重复、填塞语、话语缺损、口误、后语抢先、舌尖现象这六种口语非流利现象在不同年龄段老人中出现的频次、频率的差异，据此判断语言流利表述的能力与衰老的关联度。

　　老年人是一个非常宽泛的群体，不同老年人的知识水平、职业生涯、人生经历、生活环境、文化背景以及健康状况等都有很大差异，这些差异对其语言流利表述能力都会有影响。我们的研究目标主要是探究口语非流利现象与老龄化的相关性，所以要尽量排除其他非年龄因素的影响。因此我们选择的调查对象首先都是健康状况较好的老年人，即没有老年痴呆或其他明显脑部疾病、没有语言交际障碍并且能够独立生活的老年人。其次我们选择了一个社会共性较多的老年群体——江西师范大学的退休教授/副教授作为考察对象，这个群体成员的工作、生活、人生经历、话语体系都大致类似，具有相对的同质性。

我们以实验的方法进行调查统计，把所有的受试以 5 岁为一个年龄段分成 5 组：老年一组（65~69 岁），老年二组（70~74 岁），老年三组（75~79 岁），老年四组（80~84 岁），老年五组（85~89 岁）。每一个年龄组包含 10 位男性。另外还设置了 1 个参照组，由 10 位 35~45 岁的中年大学教师组成，全是男性。参照组和受试组所有成员都属于高级知识分子，其工作、生活基本上都在大学校园，有相对较多的社会共性和大致相似的话语特征。

我们统计了不同年龄段老人出现非流利现象的频次和频率，其中冗余性重复、话语缺损、后语抢先这三种非流利现象因为是发生在句子层面，所以统计了其出现频次，而填塞语、口误、舌尖现象则是发生在词汇层面，所以统计了其出现频率。调查的基本结论是口语非流利现象与人的衰老整体上具有明显相关性，由此窥测衰老会导致语言流利表述能力的下降。

一、非流利现象频次与老龄化的相关性

我们统计了冗余性重复、话语缺损、后语抢先这三种非流利现象与老龄化的相关性。从每位受试的口语材料中提取访谈开始部分的连续 2000 字的语料作为分析对象，每一受试组的语料总数就是 20000 字，然后统计每一年龄组出现冗余性重复、话语缺损、后语抢先的频次（即出现次数），以此探究口语非流利现象出现频次与老龄化的相关性。

（一）冗余性重复与老龄化具有正相关性

冗余性重复包括冗余性词内重复、冗余性词语重复、冗余性句际重复，调查数据显示这三者都与老龄化具有正相关性。

1. 冗余性词内重复与老龄化具有正相关性

下表 7 - 1 清楚地显示了冗余性词内重复的出现频次与年龄的关联度，大致可以得出如下四点结论：

第一，整体上老年人出现冗余性词内重复的频次明显高于中年人，约为 1. 75 倍；

第二，就老年五个组来看，整体趋势是年龄越大，出现冗余性词内重复的频次就越高，其中 70～74 岁这个年龄段出现冗余性词内重复的频次特别凸显；

第三，65～69 岁的低龄老人和 35～45 岁的中年人出现冗余性词内重复的频次差异不是太明显；

第四，70～74 岁的老年人出现冗余性词内重复的频次要大大高于65～69 岁的老年人，也要高于其后两个年龄段的人。

表 7 - 1

分组 词内重复	中年组 35～45 岁	老年一组 65～69 岁	老年二组 70～74 岁	老年三组 75～79 岁	老年四组 80～84 岁	老年五组 85～90 岁
频次	29 次	29 次	65 次	47 次	45 次	68 次
平均频次	29 次	50. 8 次				

2. 冗余性词语重复与老龄化具有正相关性

下表 7 - 2 的统计数据显示了冗余性词语重复的出现频次与年龄的关联度，大致可以得出如下四点结论：

第一，整体上老年人出现冗余性词语重复的频次要高于中年人，约为 1. 29 倍；

第二，老年组的基本趋势是年龄越大，出现冗余性词语重复的频次就越高；

第三，65～69 岁的老年人和 35～45 岁的中年人出现冗余性词语重复的频次差别不大；

第四，70～74 岁的老年人出现冗余性词语重复现象的频次明显要高于其前后两个年龄组。

表 7 - 2

分组 词话重复	中年组 35～45 岁	老年一组 65～69 岁	老年二组 70～74 岁	老年三组 75～79 岁	老年四组 80～84 岁	老年五组 85～90 岁
词重复	128 次	117 次	184 次	124 次	175 次	156 次
短语重复	44 次	53 次	64 次	69 次	73 次	97 次
总频次	172 次	170 次	248 次	193 次	248 次	253 次
平均频次	172 次	222.4 次				

3. 冗余性句际重复与老龄化具有正相关性

从下表 7 - 3 的调查数据可以大致得出如下三点结论：

第一，整体上老年人出现冗余性句际重复的频次明显高于中年人，约为 1.9 倍；

第二，就老年五个组来看，整体趋势是年龄越大，出现冗余性句际重复的频次就越高；

第三，65～69 岁的老年人和 35～45 岁的中年人出现冗余性句际重复的频次差别不明显。

表 7 - 3

分组 词话重复	中年组 35～45 岁	老年一组 65～69 岁	老年二组 70～74 岁	老年三组 75～79 岁	老年四组 80～84 岁	老年五组 85～90 岁
频次	9 次	10 次	7 次	15 次	25 次	26 次
平均频次	9 次	17 次				

（二）话语缺损与老龄化具有正相关性

从下表7-4的统计数据可以看出，话语缺损与老龄化具有正相关性，具体可以得出如下几点结论：

第一，老年组出现话语缺损的频次整体上高于中年组，约为1.9倍；

第二，就老年人而言，随着年龄的增加，出现话语缺损的频次越来越高；

第三，65～69岁的老年组和35～45岁的中年组出现话语缺损的频率比较接近；

第四，70～74岁的老年人其话语缺损频率明显高于65～69岁。

表7-4

缺损 \ 分组	中年组	老年一组	老年二组	老年三组	老年四组	老年五组
	35～45岁	65～69岁	70～74岁	75～79岁	80～84岁	85～90岁
频次	13次	15次	22次	22次	29次	37次
平均频次	13次	25次				

（三）后语抢先与老龄化具有正相关性

从下表7-5的调查数据可以得出如下几点认识：

第一，整体上老年人出现后语抢先的频次明显高于年轻人，大约是年轻人的1.5倍；

第二，从年龄层级来看，基本趋势是，随着年龄的增加，出现后语抢先的频次越来越高；

第三，70～74岁这个年龄段老人出现后语抢先现象的频次相比65～69岁这个年龄段有比较明显的提升。

表 7 – 5

分组 抢先	中年组 35～45 岁	老年一组 65～69 岁	老年二组 70～74 岁	老年三组 75～79 岁	老年四组 80～84 岁	老年五组 85～90 岁
频次	30 次	39 次	48 次	44 次	46 次	56 次
平均频次	30 次	47 次				

总之，冗余性重复、话语缺损、后语抢先这三种口语非流利现象的出现频次都和人的衰老具有一定的相关性，基本趋势是年龄越大出现频次越高，其中 70～74 岁这个年龄段尤其提高明显，是一个重要拐点。

二、非流利现象频率与老龄化的相关性

我们统计了填塞语、口误、舌尖现象这三种非流利现象与老龄化的相关性。通过人工逐个甄别出访谈对象口语材料中的填塞语、口误、舌尖现象数量，通过 MyZiCiFreq（字词频率统计工具）统计所有语料的词语数量，以非流利现象的次数除以总语料的词数，得出非流利现象的出现频率，以此探讨口语非流利现象出现频率与老龄化的相关性。

（一）填塞语与老龄化具有正相关性

1. 填塞语"这个/那个"与老龄化具有正相关性

我们统计了两种情况，一是填塞性"这个/那个"单用的情况，二是填塞性"这个/那个"连用的情况，包括二连用的"这个这个/那个那个"和三连用的"这个这个这个/那个那个那个"。下边是具体的统计数据表：

表7-6　填塞性"这个/那个"单用的频次、频率表

年龄段	语料词数	这个频次	那个频次	总频次	总频率	
老年五组（85~89岁）	28514	531	284	815	2.86%	
老年四组（80~84岁）	32135	669	231	900	2.80%	
老年三组（75~79岁）	31492	483	178	661	2.10%	2.54%
老年二组（70~74岁）	26497	449	339	788	2.97%	
老年一组（65~69岁）	29777	487	122	609	2.05%	
中年组（35~45岁）	21592	331	67	398	1.84%	1.84%

表7-7　填塞性"这个/那个"连用的频次、频率表

年龄段	语料词数	这个频次	那个频次	总频次	总频率	
老年五组（85~89岁）	28514	57	9	66	0.23%	
老年四组（80~84岁）	32135	78	14	92	0.29%	
老年三组（75~79岁）	31492	45	12	57	0.18%	0.24%
老年二组（70~74岁）	26497	40	42	82	0.31%	
老年一组（65~69岁）	29777	52	6	58	0.19%	
中年组（35~45岁）	21592	12	6	18	0.08%	0.08%

　　上边表7-6和表7-7的统计数据清楚地显示了填塞语"这个/那个"的使用频率与年龄的关联度，大致可以得出如下四点基本认识：

　　第一，从中年到老年，随着年龄的增加，填塞语"这个/那个"的使用频率基本趋势是越来越高；

　　第二，如果把老年五个组合成一组成为老年组，可以看出老年组和中年组填塞语"这个/那个"单用和连用的频率级差非常明显，"这个/那个"单用时，老年组的出现频率大约是中年组的1.38倍，而"这个/那个"连用时，老年组的出现频率则是中年组的3倍；

第三，如果把单用和连用的数据汇总，35～45 岁的中年人使用"这个/那个"的频率是 1.92%，65～69 岁老年人的使用频率是 2.23%，70～74 岁老年人的使用频率则是 3.28%，可以看出，65～69 岁的老年人与 35～45 岁的中年人相比其填塞性"这个/那个"的使用频率提高不是太多，而 70～74 岁这个年龄段的频率则提高比较多；

第四，就老年组来说，基本趋势是，随着年龄的增加，填塞语的使用频率也明显提高，但是 75～79 岁这个年龄段出现了数据的回落，填塞语的使用频率要明显低于其前一阶段 70～74 岁这个年龄段。

2. "呃"类填塞语与老龄化具有正相关性

从下表 7－8 的统计数据大致可以得出如下几点结论：

第一，整体看来，老年人口语中出现"呃"类填塞语的频率要高于中年人；

第二，65～69 岁老年人"呃"类填塞语的出现频率与中年人没有明显差别；

第三，70～74 岁老年人"呃"类填塞语的出现频率明显增加；

第四，75 岁以后，"呃"类填塞语的频率相比 70～74 岁年龄段有所降低，特别是 85～89 岁这个年龄段降低比较明显。

表 7－8

年龄段	语料词数	"唉"频次	"呃"频次	"嗯"频次	总频次	总频率	
老年五组（85～89 岁）	24333	221	87	49	357	1.46%	
老年四组（80～84 岁）	30939	122	379	110	611	1.97%	
老年三组（75～79 岁）	32556	238	262	80	580	1.78%	1.56%
老年二组（70～74 岁）	25942	290	141	29	460	2.12%	
老年一组（65～69 岁）	30174	169	59	26	254	1.06%	
中年组（35～45 岁）	20439	102	83	54	239	1.17%	

（二）口误与老龄化的关联度

我们通过分析各年龄组语料中口误的频率及口误自发修正的比率，探究老年人口误与衰老之间的关联度。

1. 口误频率与老龄化的关联度

从下表 7 – 9 的统计数据可以得出如下结论：

第一，整体看来，70～74 岁、75～79 岁这中间两个年龄段老年人口误发生的频率最高，80 岁以后开始回落，整个数据图呈现出抛物线的形状特征；

第二，70～74 岁这个年龄段老人的口误频率相比 65～69 岁高很多，差不多是 5 倍；

第三，老年人口误频率整体上并不比中年人高。

表 7 – 9

年龄段	语料词数	口误次数	口误频率	平均次数	平均频率
老年五组（85～89 岁）	36174	57	1.58‰		
老年四组（80～84 岁）	43060	60	1.39‰		
老年三组（75～79 岁）	33887	80	2.36‰	53	1.66‰
老年二组（70～74 岁）	21616	52	2.41‰		
老年一组（65～69 岁）	29730	16	0.54‰		
中年组（35～45 岁）	21815	40	1.83‰	40	1.83‰

2. 口误自发修正比率与老龄化具有负相关性

我们将口误自发修正的次数除以口误发生的次数，得出口误自发修正的比率，以此探究口误自发修正的比率与老龄化的相关性。下表 7 – 10 是具体的统计数据：

表 7 – 10

年龄段	口误次数	自发修正次数	自发修正比率	自发修正平均次数	自发修正平均比率
老年五组（85～89岁）	57	44	77.2%		
老年四组（80～84岁）	60	35	58.3%		
老年三组（75～79岁）	80	49	61.3%	31	58.4%
老年二组（70～74岁）	52	17	32.7%		
老年一组（65～69岁）	16	10	62.5%		
中年组（35～45岁）	40	34	85.0%	34	85%

通过上边的统计数据大致可以得出如下几点结论：

第一，中年人自发修正的比率要明显高于老年人，大约是老年人的1.5倍；

第二，老年人五个组中，70～74岁这个年龄段的自发修正比率最低；

第三，老年人五个组中，85～89岁这个年龄段的自发修正比率最高。

（三）舌尖现象与老龄化具有正相关性

舌尖现象是一种非常普遍的言语表现，已有研究显示，舌尖现象的发生率与年龄有着密不可分的联系。我们通过统计舌尖现象的出现频率来探究其与老龄化的关联度。下表7－11是具体的统计数据：

表 7 – 11

年龄段	语料词数	舌尖现象次数	舌尖现象频率	平均次数	平均频率
老年五组（85～89岁）	36174	42	1.16‰		
老年四组（80～84岁）	43060	73	1.70‰		
老年三组（75～79岁）	33887	42	1.24‰	45.6	1.37‰
老年二组（70～74岁）	21616	41	1.90‰		
老年一组（65～69岁）	29730	30	1.01‰		
中年组（35～45岁）	21815	19	0.87‰	19	0.87‰

根据表 7 – 11 数据，可以大致得出如下几个结论：

第一，老年人发生舌尖现象的频率整体上要高于中年人，大约是中年人的 1.6 倍；

第二，老年人随着年龄的增长，其发生舌尖现象的频率基本趋势是越来越高；

第三，65～69 岁的老年人出现舌尖现象频率（1.01‰），同 35～45 岁的中年人（0.87‰）差异不是太明显；

第四，老年二组（70～74 岁）舌尖现象的频率相比老年一组出现了明显的提高。

纵观冗余性重复、填塞语、话语缺损、口误、后语抢先、舌尖现象这六种口语非流利现象，总的趋势是老年人出现的频率要高于年轻人，高龄老人要高于低龄老人，其中 70～74 岁这个年龄段是一个重要拐点，这个年龄段口语非流利现象出现频率提升比较明显。

三、衰老与语言能力的相关性

上文已述，六种非流利现象我们都统计了不同年龄段老人出现的频次、频率情况，其中冗余性重复、话语缺损、后语抢先是统计出现频次，下图 7 - 1 是这三种非流利现象累加频次的曲线图，折线是数据线，直线是趋势线；填塞语、口误、舌尖现象是统计其出现频率，下图 7 - 2 是这三种非流利现象累加频率的曲线图，折线是数据线，直线是趋势线。

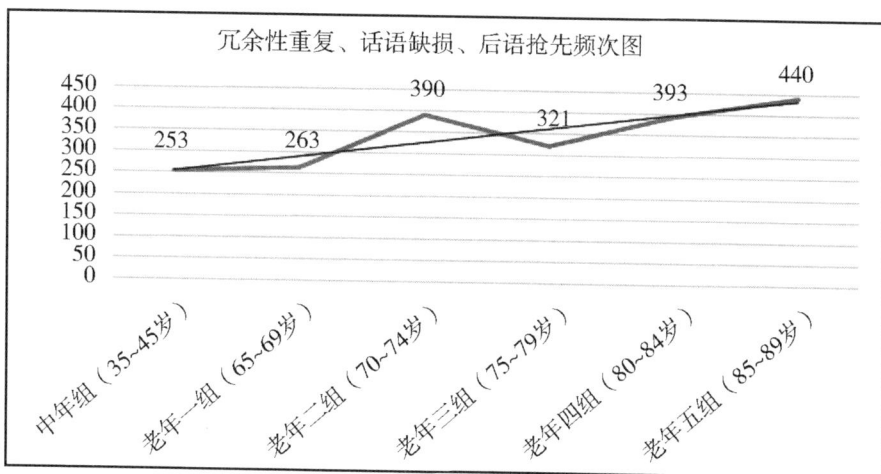

图 7 - 1　非流利现象频次图

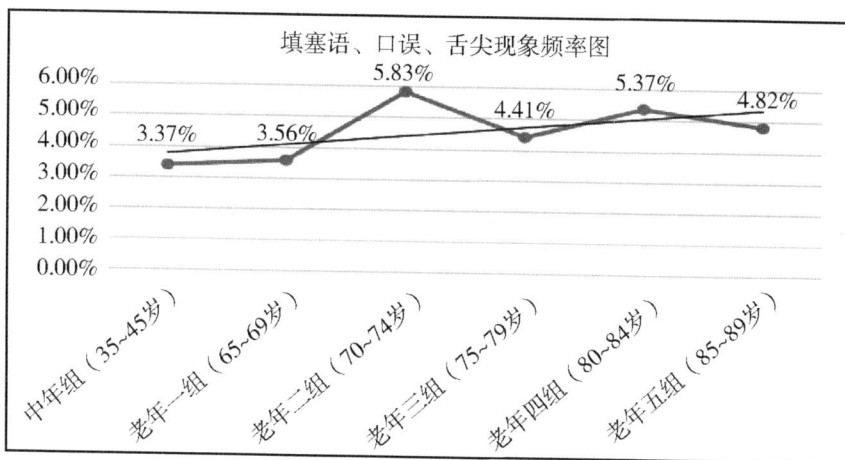

图 7 - 2　非流利现象频率图

上边图 7 - 1 和图 7 - 2 都是老年人口语非流利现象出现频次频率曲线图，因为口语非流利现象的出现频次频率与语言流利表述能力具有反相关性，即非流利现象出现的频次频率越高，说明语言流利表述的能力就越差，据此，我们可以根据上边的两个曲线图来大致判断老年人语言流利表述能力与衰老之间的关联性。几点相关结论如下：

第一，随着老龄化程度的加深，口语非流利现象出现频次频率整体趋势是越来越高，我们据此判断，年龄越大的老年人，其语言流利表述的能力就越差。

第二，65～69 岁这个年龄段口语非流利现象出现频次频率与 35～45 岁这个年龄段的差别不太明显，我们据此判断，65～69 岁这个年龄段的老年人其语言流利表述的能力相对于 35～45 岁的中年人并没有明显下降。

第三，70～74 岁这个年龄段口语非流利现象出现频次频率相比前一个年龄段提升得非常明显，据此我们判断，70～74 岁这个年龄段是语言流利度下降的一个重要转折点。我们统计老年人口误自发修正的比率特征也支持这种观点，70～74 岁这个年龄段老年人口误自发修正比率只有 33%，而其他年龄段老人口误自发修正的比率基本都在 60% 以上。口误自发修正体现了说话人对自己话语的自然监测能力，自发修正的比率越低说明监测能力越差，进一步说可能意味着大脑某些机能的退化更明显。70～74 岁这个年龄段老人口误自发修正比率最低，很可能意味着这个年龄段的老人大脑中控制语言的某些机能衰退得更明显。国外学者的相关研究也支持我们的观点。阚泊尔等人（Kemper. Thompson and Marquis，2001）的研究发现，到了 70 多岁以后，老年人在语法的复杂性和命题内容方面存在着明显的老化衰退现象。发展心理学的国外研究也发现，简单反应时从婴儿期到 30 岁之前越来越快，到 50 岁、60 岁时开始逐渐减慢，但减慢的程度不明显，70 岁以后，反应时迅速减慢。（肖健、沈德灿，2009）这些研究都显示，70 岁很可能是某些方面语言能力衰退的一个重要转折点。

第四，75～79 岁这个年龄段口语非流利现象频次频率都出现了明显的回落，我们认为问题还是和 70～74 岁这个年龄段有关。75～79 岁的非流利现象出现频次频率指数还是处在正常老化的趋势线附近，而 70～74 岁的频次频率指数则是非正常化的突起。在调查老年人的过程中我们也了解到，70～74 岁这个年龄段的老人很可能是处于老化的转折点上，心态的变化也比较大，很多人在 70 岁之前并不服老，虽然退休了但总还觉得自己并没有老，还可以做很多事，而且有一部分人也确实还参与了很多社会活动。进入 70 岁以后，大多数人都明显感觉到了身体机能的下降，导致心态上也发生了某些变化，这种变化在语言表述中也就反映出来了。而进入 75 岁以后，大多数人都接受了老化的现实，心态也平和了，所以其语言表述也就回归了正常老化的状况。

第五，85 岁以上老人口语中填塞语、口误、舌尖现象的频率有所回落，这是因为这个年龄段老人语言已经变得简单了很多，所以出现失误的情况自然也就少了。

老年人口语流利度下降既是生理机能老化的结果，也与老年人的生活态度和心理状况有密切的联系。老化是自然规律，随着年龄的增长，人的生理机能退化是不可阻挡的自然规律，尽管不同的人其老化的时间表有差异，但基本规律不可逆转。老化并非晚年才开始出现，不过是年龄越大老化现象越明显而已。研究显示，人过 30 岁以后，大多数身体系统的机能每年大概会下降 0.8%～1%，到了 60 岁以后，这种变化才积累到容易被人观察到；简单反应时则从婴儿期到 30 岁之前越来越快，到 50～60 岁时开始逐渐减慢，但减慢的程度不明显，70 岁以后，反应时迅速减慢。（高云鹏等，2013）这些研究结论与我们发现的 70～74 岁可能是老年人口语流利度下降的一个重要转折点具有较强的一致性。

老化不仅体现在生理上，也会体现在心理上。老年人社会角色的变化很容易引起其心理状况的变化。人进入老年期以后，其社会角色就发生了巨大的变化，从职业角色过渡为闲暇角色，从社会网络的主角降级为配角，从交往范围广、活动频率高的动态型角色转变为交往圈子狭窄、活动频率低的静态型角色，这些变化对老年人的心理会产生巨大影响，甚至对老年人的健康都会产生影响，对其语言表达风格和语言能力也会产生影响。随着年岁的增长，身体健康水平的下降，社会交往圈子的缩小，空闲时间的增多，一系列消极情绪体验会出现，衰老感和怀旧感同现，空虚感与孤独感共生，焦虑感与抑郁感相伴，自尊感与自卑感共存。特别是衰老感，使老年人受消极自我暗示的影响，加剧大脑功能的衰老甚至病变，从而产生短期记忆明显下降，临时遗忘显著，在态度和行为方面变得固执、怪癖，过度关注自身的生理变化，自我封闭。严重的衰老感甚至会引发濒死感。

总之，生理的衰老是无法抗拒的自然规律，但心理状态是可以调控的，老年朋友应该以积极健康的心态去面对自然生理的老化，应该以开放的精神去拥抱精彩的社会生活，这样既能在一定程度上延缓语言流利度的下降，也能拥有精彩的夕阳晚景。诚如李宇明先生在一封私人邮件中所言："人总是会老的，要平心静气地'体验'老这一段历程，'品味'老年的语言、心态、生活。这也是一笔财富，不是谁都有资格体验和品味的，更不是谁都有本事体验出、品味出人生大道的。我相信，晚霞与朝霞具有共同的美和美学原理，不必在乎它们灿烂在什么时间。"

附录1

调查问卷

调查访谈问卷（编号：＿＿＿）

您好！我是师大文学院的教师，现正从事一项老年朋友语言使用习惯的调查，调查数据仅作为研究使用，绝不向外公开，敬请您支持我们的调查。非常感谢！

一、您的基本信息（在选择的序号处打勾）

1. 出生年月：＿＿＿＿＿＿，（年龄〈周岁〉：＿＿＿＿）。

2. 性别：①男性；②女性。

3. 身体状况：

（1）眼睛好不好使？　①很好；③较好；③一般；④不好。

（2）耳朵好不好使？　①很好；②较好；③一般；④不好。

（3）有没有什么明显的疾病？

①没有；②有（什么疾病：＿＿＿＿＿＿＿）。

4. 教育程度：①初中；②高中；③大学；④研究生；⑤其他。

5. 职称情况：①教授；②副教授；③讲师；④助教。

6. 退休前的主要工作：①教书；②行政干部；③工人。

7. 从事高等教育（也包括初、中等教育）大概多少年：（＿＿＿）

8. 老伴是否健在：①健在；②不在（多久了：＿＿＿＿＿）。

9. 居住方式：①单独住（和老伴一起住）；②和儿孙一起住；③其他：_____。

10. 退休前的工作语言主要是什么：

①方言；②普通话；③方言和普通话结合；④外语。

11. 退休前的生活语言主要是什么：

①方言；②普通话；③方言和普通话结合；④外语。

12. 现在主要使用什么话进行交流：

①方言；②普通话；③方言和普通话结合；④外语。

13. 平常读书看报写文章的频率高吗？请打分，频率很高打 5 分，频率很低打 1 分。

①1 分；②2 分；③3 分；④4 分；⑤5 分。

14. 平常看电视的时间长吗？请打分，时间很长打 5 分，很短打 1 分。

①1 分；②2 分；③3 分；④4 分；⑤5 分。

15. 是否经常从事家务劳动，参加晨练、晚练或工会、社区等组织的活动？请打分，参加很多打 5 分，很少打 1 分。

①1 分；②2 分；③3 分；④4 分；⑤5 分。

16. 是否经常在家进行琴棋书画唱歌跳舞或其他兴趣活动？请打分，频率很高打 5 分，很低打 1 分。

①1 分；②2 分；③3 分；④4 分；⑤5 分。

17. 是否经常和儿孙、老伴、朋友或其他人聊天？请打分，频率很高打 5 分，很低打 1 分。

①1 分；②2 分；③3 分；④4 分；⑤5 分。

18. 您对人生各阶段朋友的名字是否都记得很清楚？用 5 分制表示，全部都记得很清楚计 5 分，基本不记得计 1 分。

（1）您对幼年时期（大约 10 岁以前）朋友的名字记得很清楚吗？

①1 分；②2 分；③3 分；④4 分；⑤5 分。

（2）您对少年时期（大约 10～20 岁）朋友名字记得很清楚吗？

①1 分；②2 分；③3 分；④4 分；⑤5 分。

（3）您对青年时期（大约 20~40 岁）朋友名字记得很清楚吗？

①1 分；②2 分；③3 分；④4 分；⑤5 分。

（4）您对中年时期（大约 40~60 岁）朋友名字记得很清楚吗？

①1 分；②2 分；③3 分；④4 分；⑤5 分。

（5）您对老年时期（大约 60~70 岁）朋友名字记得很清楚吗？

①1 分；②2 分；③3 分；④4 分；⑤5 分。

二、调查内容

1. 请聊聊您现在的日常生活状况、饮食起居习惯、儿女的状况。

2. 看一段视频——"深圳女孩闯红灯，雷人回答笑翻人"，发表一下看法，或者说说南昌人走路闯红灯的情况。

3. 请您介绍一段您人生中经历过的最自豪或最难忘的经历。

4. 看一段视频——"公交车上没让座，女孩被老人揪头发暴打"，发表一下看法，或说说南昌公交车让座的情况。

5. 请您说说对南昌的印象。

6. 请在 90 秒钟之内尽可能说出您所知道的动物的名称，任何动物都可以，可来自平原、森林、海洋或宠物，比如，可以从"狗"开始。您明白我们的意思就开始吧。

7. 请在 90 秒钟之内尽可能多地说出您所知道的形容词，比如，可以从"大、小"开始。您明白我们的意思就开始吧。

8. 请在 90 秒钟之内尽可能多地说出您所知道的动词，比如，可以从"走、跑"开始。您明白我们的意思就开始吧。

9. 请您聊聊是否曾经出现过张口忘词的情况，比如，一个平时非常熟的人名或事物名称，有时却突然想不起来，如果有请回忆一下当时的情形。

10. 请根据图片或提示性话语说出恰当的词语。比如，"灯笼"。

附录2

访谈对象名单①

老年一组（65~69岁）：共14人（其中男性10位，女性4位）

王××：66岁，男性；叶××：66岁，男性；

陈××：66岁，男性；邬××：67岁，男性；

邹××：68岁，男性；宋××：69岁，男性；

陶××：69岁，男性；穆××：69岁，男性；

章××：69岁，男性；黄××：69岁，男性；

杜××：68岁，女性；孙××：69岁，女性；

王××：69岁，女性；林××：69岁，女性。

老年二组（70~74岁）：共14人（其中男性10位，女性4位）

聂××：70岁，男性；孙××：70岁，男性；

杨××：70岁，男性；曾××：70岁，男性；

甘××：71岁，男性；李××：72岁，男性；

黄××：73岁，男性；刘××：73岁，男性；

杜××：73岁，男性；林××：74岁，男性；

余××：70岁，女性；傅××：72岁，女性；

曹××：74岁，女性；刘××：73岁，女性。

---

① 为保护隐私，访谈对象名单只列出姓，不列名。有少部分当时接受访谈的老人如今已经仙逝，我们深表怀念。

老年三组（75~79 岁）：共 15 位（其中男性 10 位，女性 5 位）

汪××：76 岁，男性；汪××：76 岁，男性；

宗××：76 岁，男性；肖××：77 岁，男性；

余××：77 岁，男性；冯××：77 岁，男性；

邓××：78 岁，男性；吴××：78 岁，男性；

廖××：78 岁，男性；熊××：79 岁，男性；

彭××：77 岁，女性；陈××：77 岁，女性；

万××：76 岁，女性；易××：75 岁，女性；

姚××：79 岁，女性。

老年四组（80~84 岁）：共 17 人（其中男性 12 位，女性 5 位）

周××：80 岁，男性；傅××：81 岁，男性；

周××：81 岁，男性；熊××：80 岁，男性；

肖××：80 岁，男性；蔡××：80 岁，男性；

贺××：80 岁，男性；洪××：82 岁，男性；

钟××：83 岁，男性；唐××：83 岁，男性；

宋××：83 岁，男性；罗××：83 岁，男性；

温××：80 岁，女性；余××：82 岁，女性；

邹××：83 岁，女性；许××：82 岁，女性；

刘××：82 岁，女性。

老年五组 a（85~89 岁）：16 位（其中男性 11 位，女性 5 位）

刘××：85 岁，男性；赖××：85 岁，男性；

毛××：85 岁，男性；陈××：86 岁，男性；

彭××：86 岁，男性；戴××：87 岁，男性；

易××：87 岁，男性；张××：88 岁，男性；

杜××：88 岁，男性；赖××：89 岁，男性；

罗××：89 岁，男性；游××：85 岁，女性；

邹××：85 岁，女性；陈××：87 岁，女性；

苏××：87岁，女性；曾××：88岁，女性。

老年五组 b（90～95岁）：3位（其中男性 2位，女性 1位）

刘××：90岁，男性；丁××：93岁，男性；

刘××：90岁，女性。

参考文献

一、中文文献

[1] 陈蕃 . 21 世纪老龄问题研究 ［M］. 北京：宇航出版社，1993.

[2] 陈建民 . 汉语口语 ［M］. 北京：北京出版社，1984.

[3] 陈松岑 . 语言变异研究 ［M］. 广州：广东教育出版社，1999.

[4] 戴庆厦 . 社会语言学概论 ［M］. 北京：商务印书馆，2004.

[5] 冯胜利 . 汉语的韵律、词法与句法 ［M］. 北京：北京大学出版社，2009.

[6] 高云鹏，胡军生，肖健 . 老年心理学 ［M］. 北京：北京大学出版社，2013.

[7] 桂诗春 . 实验心理语言学纲要 ［M］. 长沙：湖南教育出版社，1991.

[8] 桂诗春 . 新编心理语言学 ［M］. 上海：上海外语教育出版社，2000.

[9] 李旭初，刘兴策 . 新编老年学词典 ［M］. 武汉：武汉大学出版社，2009.

[10] 李行健，等．现代汉语常用词表［M］．北京：商务印书馆，2008.

[11] 李尧．幼儿话语行为效能研究［M］．北京：世界图书出版公司北京公司，2013.

[12] 李宇明．儿童语言的发展［M］．武汉：华中师范大学出版社，1995.

[13] 李宇明，陈前瑞．语言的理解与发生——儿童问句系统的理解与发生的比较研究［M］．武汉：华中师范大学出版社，1998.

[14] 梁丹丹．自然话语中的重复现象［M］．北京：世界图书出版公司北京公司，2012.

[15] 林馨，王枫．语言病理学［M］．杭州：浙江工商大学出版社，2010.

[16] 刘荣才．老年心理学［M］．武汉：华中师范大学出版社，2009.

[17] 吕叔湘．吕叔湘语文论集［M］．北京：商务印书馆，1983.

[18] 吕叔湘．现代汉语八百词［M］．增订本．北京：商务印书馆，2000.

[19] 陆丙甫．汉语的认知心理研究［M］．北京：商务印书馆，2010.

[20] 倪传斌．外语磨蚀的影响因素研究［M］．北京：世界图书出版公司北京公司，2012.

[21] 彭聃龄，谭力海．语言心理学［M］．北京：北京师范大学出版社，1991.

[22] 屈承熹．汉语认知功能语法［M］．黑龙江：黑龙江人民出版社，2005.

[23] 任虎林．老年人语言蚀失期的语用能力研究［M］．北京：北京交通大学出版社，2020.

［24］水延凯．社会调查教程［M］．北京：中国人民大学出版社，2007.

［25］田延明，王淑杰．心理认知理论与外语教学研究［M］．北京：北京大学出版社，2010.

［26］王德春，孙汝建，姚远．社会心理语言学［M］．上海：上海外语教育出版社，1995.

［27］邬仓萍，姜向群．老年学概论［M］．2版．北京：中国人民大学出版社，2011.

［28］萧国政．汉语语法研究论［M］．武汉：华中师范大学出版社，2001.

［29］肖健，沈德灿．老年心理学［M］．北京：中国社会出版社，2009.

［30］邢福义．汉语语法学［M］．长春：东北师范大学出版社，2000.

［31］徐大明．语言变异与变化［M］．上海：上海教育出版社，2006.

［32］许高渝，赵秋野，贾旭杰，等．俄罗斯心理语言学和外语教学［M］．北京：北京大学出版社，2008.

［33］许小颖．语言政策和社群语言——新加坡福建社群社会语言学研究［M］．北京：中华书局，2007.

［34］杨小璐．语言：折射心理的彩虹——心理语言学入门［M］．北京：北京大学出版社，2012.

［35］余运英．应用老年心理学［M］．北京：中国社会出版社，2012.

［36］张旺熹．汉语口语成分的话语分析［M］．北京：北京语言大学出版社，2012.

［37］昝飞，马红英．言语语言病理学［M］．上海：华东师范大

学出版社, 2005.

[38] 赵慧敏. 老年心理学 [M]. 天津：天津大学出版社, 2010.

[39] 赵元任. 汉语口语语法 [M]. 北京：商务印书馆, 1979.

[40] 周统权. 语言理论与语言障碍研究 [M]. 北京：中国社会科学出版社, 2010.

[41] H. WIND COWLES. 心理语言学 [M]. 张瑞岭, 张东军, 译. 北京：人民卫生出版社, 2012.

[42] 理查德·A. 波斯纳. 衰老与老龄 [M]. 周云, 译. 北京：中国政法大学出版社, 2002.

[43] 维多利亚·弗罗姆金, 罗伯特·罗德曼. 语言导论 [M]. 北京：北京语言学院出版社, 1994.

[44] 陈建民. 汉语口语研究的新态势 [J]. 渤海学刊, 1992 (2).

[45] 陈章太. 四代同堂的语言生活 [J]. 语文建设, 1990 (3).

[46] 储泽祥. 汉语口语里性状程度的后置标记"去了" [J]. 世界汉语教学, 2008 (3).

[47] 范开泰. 语用分析略说 [J]. 中国语文, 1985 (6).

[48] 方梅. 北京话句中语气词的功能研究 [J]. 中国语文, 1994 (2).

[49] 高莹, 攀宇, 王亚非. 口语非流利现象与内在的语言发展之间的相关研究 [J]. 外语与外语教学, 2012 (4).

[50] 顾大男. 老年人年龄界定和重新界定的思考 [J]. 中国人口科学, 2000 (3).

[51] 顾大男, 仇莉. 中国高龄老人认知功能特征和影响因素分析 [J]. 南京人口管理干部学院学报, 2003 (2).

[52] 郭凤岚. 北京话话语标记"这个""那个"的社会语言学分析 [J]. 中国语文, 2009 (5).

[53] 郭桃梅, 彭聃龄. 舌尖现象的研究进展 [J]. 心理科学, 2005 (2).

[54] 韩荔华. 论重复 [J]. 语言教学与研究, 1994 (3).

[55] 黄立鹤. 近十年老年人语言衰老现象研究：回顾与前瞻 [J]. 北京第二外国语学院学报, 2015 (10).

[56] 江蓝生. 跨层非短语结构"的话"的词汇化 [J]. 中国语文, 2004 (5).

[57] 姜帆. 国外老年人语言与认知研究及其启示 [J]. 吉林师范大学学报 (人文社会科学版), 2016 (5).

[58] 姜敏敏, 李虎. 言语产生中的舌尖现象研究综述 [J]. 沈阳大学学报, 2011 (1).

[59] 李恒. 话语标记语"这个"和"那个"的语用功能分析 [J]. 文教资料, 2011 (11).

[60] 李利, 莫雷, 王瑞明, 潘敬儿. 双语言语产生中的词汇提取机制 [J]. 心理科学进展, 2006 (5).

[61] 李诗芳. 布拉格语言学派说略 [J]. 哈尔滨工业大学学报 (社会科学版), 2002 (4).

[62] 李智涛, 林冬梅. 语言磨蚀定义研究述评 [J]. 长春大学学报, 2013 (1).

[63] 梁洁, 安乐. 汉语失语症研究综述 [J]. 当代语言学, 2004 (2).

[64] 刘楚群. 老年人口语填塞性"这个/那个"调查研究 [J]. 南开语言学刊, 2015 (2).

[65] 刘楚群. 老年人口语非流利性词内重复研究 [J]. 汉语学报, 2016 (2).

[66] 刘楚群. 老年人话语缺损现象研究 [J]. 语言规划学研究, 2016 (3).

［67］刘楚群．老年人口语冗余性句际重复研究［J］//赣鄱博士论坛文集．北京：中国社会科学出版社，2016.

［68］刘楚群．老年人口语冗余性词语重复现象研究［J］．华中学术，2018（2）．

［69］刘楚群．老年人口语"呃"类填塞语研究［J］．语言战略研究，2020（1）．

［70］刘楚群，方车彦．老年人舌尖现象研究［J］．辽宁师范大学学报（社科版），2020（1）．

［71］刘丽艳．作为话语标记的"这个"和"那个"［J］．语言教学与研究，2009（1）．

［72］陆爱桃，张积家．言语流畅性与双语研究［J］．现代生物医学进展，2006（8）．

［73］陆丙甫．流程切分和板块组合［J］．语文研究，1985（1）．

［74］陆俭明．汉语口语句法里的易位现象［J］．中国语文，1980（1）．

［75］马冬梅．口语非流利产出分类体系研究［J］．外语与外语教学，2012（4）．

［76］孟琮．口语里的一种重复——兼谈"易位"［J］．中国语文，1982（3）．

［77］苗兴伟．日常会话语篇中的语言非流利现象［J］．四川外语学院学报（重庆），1996（2）．

［78］缪海燕．第二语言口语非流利产出的停顿研究［J］．解放军外国语学院学报，2009（4）．

［79］彭华茂，毛晓飞．抑制对老年人舌尖现象的影响［J］．心理学报，2018（10）．

［80］彭苏浩，汤倩，宣宾．基因—大脑—行为框架下的抑制控制与老化［J］．心理科学进展，2014（8）．

［81］邱明明．从口误透视言语生成的心理机制［J］．浙江社会科学，2012（10）．

［82］檀晶晶．论指示代词"这个"的篇章功能［J］．长春大学学报，2007（4）．

［83］沈家煊．口误类例［J］．中国语文，1992（4）．

［84］苏玲，陈俊．为什么会出现"舌尖现象"——TOT现象发生机制之争［J］．心理科学，2011（1）．

［85］孙长华，许淑莲，李荣平．策略训练对改善老年人词语记忆的作用［J］．心理学报，1989（1）．

［86］孙蓝，许秋敏，赵新红．二语词汇提取模式效应研究［J］．中国外语．2006（3）．

［87］王君，陈天勇．抑制控制与高级认知功能的关系［J］．心理科学进展．2012（11）．

［88］伍铁平，雅各布逊．儿童语言、失语症和语音普遍现象［J］．国外语言学，1981（3）．

［89］吴振云，许淑莲，孙长华，吴志平，李娟，李川云．高龄老人的认知功能和心理健康［J］．中国人口科学，2001（S1）．

［90］吴振云．成人智力发展与记忆［J］．心理学报，1985（3）．

［91］夏石勇，彭华茂．近30年中国认知老化研究的文献计量学分析［J］．中国老年学杂志，2014（2）．

［92］萧国政．句子信息结构与汉语语法实体成活［J］．世界汉语教学，2001（4）．

［93］徐墨凡．语法性重复与修辞性重复［J］．修辞学习，2009（2）．

［94］许德楠．口语句子中"吞"掉语法成分的现象［J］．语文研究，1984（4）．

［95］许家金．汉语自然会话中话语标记"那（个）"的功能分析

[J].语言科学，2008（1）.

[96] 许淑莲，孙弘舸，吴志平.成年人词语流畅性的年龄差异和词语记忆 [J].心理学报，1989（4）.

[97] 杨军.口语非流利产出研究述评 [J].外语教学与研究，2004（4）.

[98] 杨连瑞，潘克菊.语言损耗研究的理论框架及途径 [J].中国海洋大学学报（社会科学版），2007（3）.

[99] 姚俊.儿童与老人交际语言的对比研究 [J].嘉应大学学报（哲学社会科学），2002（1）.

[100] 殷树林.话语标记"这个""那个"的语法化和使用的影响因素 [J].外语学刊，2009（4）.

[101] 尹斌庸，方世增.词频统计的新概念和新方法 [J].语言文字应用，1994（2）.

[102] 曾慧，张少林.心理语言学 TOT 现象实证研究理论成果综述 [J].科技信息（学术研究），2008（29）.

[103] 曾毅平."这个""那个"话讳饰 [J].修辞学习，2000（C1）.

[104] 张文贤，崔建新.汉语口语对话语体零形回指用法再思考 [J].天津外国语学院学报，2001（3）.

[105] 张文忠.第二语言口语流利性发展的理论模式 [J].现代外语，1999（2）.

[106] 周一民.北京口语动词的若干后缀 [J].语文研究，1985（4）.

[107] 刘楚群.70 岁是老年人语言能力衰退的拐点 [N].中国社会科学报，2015－09－29.

[108] 姜美玉.汉语口误研究 [D].中国社会科学院研究生院语言系博士论文，2001.

［109］刘红艳. 老年性痴呆患者与正常老年人现场即席话语能力比较研究［D］. 北京外国语大学博士学位论文，2005.

二、外文文献

［1］BAUM S R. Processing of center – embedded and right – branching relative clause sentences by normal elderly individuals［J］. Applied Psycholinguistics，1993（14）：75 – 88.

［2］Boomer，D. S&Laver，J. D. M. Slips of the tongue［J］. The British Journal of Disorders of Communication，1968，3（1）.

［3］BUSSMANN H. *Routledge Dictionary of Language and Linguistics*［M］. Translated and edited by Gregory P. Trauth & Kerstin Kazzazi. London：Routledge，1996.

［4］CLYNE G. *Intercultural Communication Breakdown and Communication Conflict：Towards a Linguistic and Its Exemplification*［M］//MOLONY C，et al. Deutsch im anderen. Kronberg/Ts. ：Scriptao Verlag，1977：129 – 146.

［5］COUPLAND N，COUPLAND J，GILES H. *Language，Society & the Elderly*［M］. London：Basil Blackwell Ltd. 1991.

［6］CRAIK F I M，JENNINGS J M. *Human memory*［M］//CRAIK F I M，SALTHOUSE T A. The Handbook of Aging and Cognition. Hillsdale，NJ：Lawrence Erlbaum，1992.

［7］CRAIK F I M，ANDERSON N D，KERR S A，et al. *Memory Changes In normal ageing*［M］//BADDELEY A D W，WATTS F N. Handbook of Memory Disorders. Chichester：Wiley，1995：211 – 242.

［8］DAVID M K，TIEN W Y M，MENG N Y，et al. Language choice and code switching of the elderly and the youth［J］. International Journal of the Sociology of Language, 2009 (200).

[9] DE BOT K, LINTSEN T. Perception of Own Language Proficiency by Elderly Adults [J]. ITL – International Journal of Applied Linguistics, 1989 (1): 51 – 61.

[10] DRESSIER W U. *Acceleration, Retardation, and Reversal in Language Decay* [M] //COOPER R L. Language Spread : Studies in Diffusion and Social Change, edited by R. L. Cooper. Bloomington : Indiana University Press, 1982: 321 – 336.

[11] FILLMORE C J. *On Flueney* [M] //FILLMORE C J. Individual Differences in Language Ability and Language Behavior. New York: Academic Press, 1979: 93.

[12] HEINE M K, OBER B A, SHENAUT G K, et al. *Naturally occurring and experimentally induced tip – of the – tongue experiences in three adult age groups* [J]. Psychology and Aging, 1999, 14 (3): 445 – 457.

[13] KEMPER S. Adults' sentence fragments: Who, what, when, where and why [J]. Communication Research, 1992 (4): 444 – 458.

[14] KEMPER S, SUMMER A. The structure of verbal abilities in young and older adults [J]. Psychology and Aging, 2001 (2): 312 – 322.

[15] NAVEH – BENJAMIN M, GUEZ J, SHULMAN S. Older adults' associative deficit in episodic memory: Assessing the role of decline in attentional resources [J]. Psychonomic Bulletin & Review, 2004, 11 (6): 1067 – 1073.

[16] MATSUMOTO Y. Beyond stereotypes of old age: the discourse of elderly Japanese women [J]. International Journal of the Sociology of Language, 2009 (200): 129 – 151.

[17] Miyake, A., Friedman, N. P., Emerson, M. J., Witzki, A.

H. , Howerter, A. , & Wager, T. D. . The unity and diversity of executive functions and their contributions to complex " Frontal Lobe" tasks: a latent variable analysis. Cognitive Psychology, 2000, 41 (1), 49 – 100.

[18] OBLER L K. *Neurolinguistic Aspects of language Loss as They Pertain to Second Language attrition* [M] //LAMBERT R D, FREED B F. The Loss of Language Skills, edited by R. D. Lambert & B. F. Freed, MA: Newbury House, 1982: 60 – 70.

[19] OBLER L K, ALBERT M L. Language Decline in aging [J]. ITL – International Journal of Applied Linguistics , 1989 (1): 63 – 73.

[20] SHRIBERG E E, LICKLEY R J. The relationship of filled – pause FO to prosodic, context [R] . In Proceedings of the IRCS Workshop on Prosody in Natural Speech, Technical Report IRCS – 92 – 37. University of Pennsylvania, Institute for Research in Cognitive Science, Philadelphia, PA. 1992.

[21] TREE J E F. The effects of false starts and repetitions on the processing of subsequent words in spontaneous speech [J] . Journal of Memory and Language, 1995 (34): 709 – 738.

[22] TSENG S C. Taxonomy of spontaneous speech phenomena in Mandarin conversation [R] . ISCA & IEEE Workshop on SSPR. Tokyo. 2003.

[23] WHITE K K A L. Does priming specific syllables during tip – of the – tongue states facilitate word retrieval in older adults? [J] . Psychology and aging, 2002, 17 (2): 226 – 235.

[24] WHITE S. Listening to Children Reading Aloud: Oral Fluency [R] . Washington: National Center for Education Statistics, 1995.

后　记

　　本书是在博士后出站报告基础上整理而成，感谢博士后合作导师李宇明教授和苏金智教授的悉心指导。

　　2012年12月，我如愿以偿进入北京语言大学博士后科研流动站、教育部语言文字应用研究所科研工作站从事博士后研究工作，合作导师为李宇明教授和苏金智教授。时间如白驹过隙，两年的博士后生活转眼之间就画上了一个句号，人生也就此进入不惑之年。近五十年人生历程，二十载学术之路，就像一杯珍藏的陈酿，可以品出酸甜苦辣百般滋味。

　　回首两年博士后经历，时间虽短，但收获颇丰，学术的、思想的、人生的……

　　选择老年人语言作为研究课题并不是源于我自己的构想，我最初提交的博士后选题是关于语言规范问题的研究。但是进站之后，导师李宇明教授建议我不要以语言规范问题作为博士后研究的选题，李老师说，花两年的时间脱产学习，又有两位导师的精心指导，还有优越的学术资源环境，就应该尽量做一个最前沿的课题。李老师以敏锐的学术眼光为我选择了一个全新的研究课题——老年人语言研究，这个课题的学术价值、理论意义、现实意义都非常强，而且那时国内很少有人涉足，国外的相关成果也不多。我毫不犹豫地选择了这个课题，并且非常兴奋，但是真正动手的时候就发现做起来并不容易。老年人语言可以研究的问题很多，大致可以包括三个不同的范畴：一是从社会语言学角度来研究，老年人因为社会角色的转换，所以其言语风格自然会发生一定的变化；二是从心理语言学角度来研究，老年人由于老化而导致某些生理机能的退化，其某些语言能力也会发生衰退；三是从病理语言学角度来研究，有些老年人由于生理病变从而产生语言障碍。我最初是想从社会语言学的角度切入，这样做起来可能比较容易，但后来放弃了，思前想后，最终选择了研究老年人语言能力衰退这个问题。选择这个问题其实带有很大的挑战性，首先语言能力本身就是一个很难说清楚的问题，其次语言能力会不会衰退、怎么衰退学界有很多争议。语言包括语音、词汇、语法三个要素，那么语言能力的衰退，自然就包括语音能力的衰退、词汇能力的衰退、语法能力的衰退，可以任选一个方面展开研究。初步感觉词汇能力的衰退可能会比较明显，因为遗忘是老年人的常见现象，所以最初的方案就是通过调查，探讨老年人临场提取心理词库中词汇的能力衰退问题，但在预调查中就发现，尽管老年人提取词汇的能力确实随年岁的增加会有所衰退，但如果没有精确的实验设备和严谨的科学方法，其实很难得出精确的数据，想想自己各种条件的局限，我就放弃了从词汇的角度切入。可喜的是，在预调查中我发现老年人在流利表述方面有很明显的衰退表现，于是最终选择了从语法结构角度来研究，这就形成了出站报告——《老年人口语非流利现象研究》。自我感觉，尽管这个报告写得还是比较粗糙，但确实发现了很多有价值的规律，可以作为以后研究的一个重要基础。这几年，我把这篇博士后出站报告的某些内容拆出来公开发表了，并以此为基础申报课题，最终成功获批了2017年度江西省社科规划重点项目"老年人口语非流利现象研究"和2018年度国家社科规划重点项目"老年人口语词汇产出及其衰老关联度研究"。

　　当时之所以选择去做博士后研究，基本上没有什么功利的目的，纯粹是想静下心来读点书，做点自己感兴趣的事。导师李宇明教授在一篇序言《学术是一种信仰》中有一段这样的话："学术追求可以自己做主。也许有人借学术来谋稻粱谋功名，一旦稻粱足而功名得，或一旦学术不能谋得稻粱功名，便会将学术弃若破履烂衫。而其实，我和东海（鲁东大学王东海）大约都不需要再以学术谋稻粱，甚至包括谋功名，学术只是希望探讨世界之谜者的一种特殊嗜好，或者是一种生活方式。学术不仅是追求，更是一种信仰。希望东海和我的学生们，能逐渐进入这种学术境界。"这段话字字珠玑，句句诤言，也说出了我的心里话。

　　为什么选择做学问，估计不同的人其初衷差别很大。于我而言，最初的动机就是"为稻粱谋"，当时选择考研完全是生活所迫，就是为了找一份好工作改变自己的命运，后来因势而为读了博士，然后就走向了学术研究之路。在学术之路上跋涉了十多年后，虽然感觉自己还是很喜欢做学问的，但基本上是在一种无形之网压迫之下前进的，求学期间是为了完成学业，工作初期是为了评职称、获得更多的经济利益和更高的社会地位，以实现养家糊口的需求。可以断言，虽然不是全部，但确有很大一部分人与我有相同的心路历程，可以说都是在一种功利化目的驱动下做学问的，所以学术的急功近利也就在所难免了，为了职称，为了收入，为了荣誉，就会想办法尽快发文章、拿课题。急功近利的结果当然只能是粗制滥造，但是，从某种意义上说，在一切以经济建设为中心的当下这也是无可厚非的，毕竟人首先得生存，否则就真应了中国社科院文学所某位学者的一个观点：做学问是富人的事，贫家子弟是不可以选择做学问的。如果最后真的只有富人才有资格做学问，我们真不知这是好事还是坏事。于我而言，经过十多年的努力，文章发了很多，各级各类课题也拿了一些，职称问题也解决了，生活也安定下来，感觉已经不需要为生存问题而拼命写文章拿课题了，好像可以轻松了，可以休息了。就像大学新生一样，在之前的中学阶段，因为有考大学这个目的，所以有一股很强的冲劲，一旦考上大学，目标一下子丧失，就感觉无所事事了。所以说大学新生是人生新阶段的起点，得重新规划自己的人生目标。每当静下来时我就会禁不住自问，当学者不再为稻粱谋而做学问时，其学问的目的又是什么呢？现在我慢慢有点儿明白了，"学术应该是一种信仰"。

窃以为，当下的学术研究至少可以分成两个层次，低层次的研究是为稻粱谋，而高层次的研究则是一种信仰，是一种人生价值的自我实现。诚如马斯洛需求层次理论所言，人类的需要分为低层次的需要和高层次的需求，生理需求和安全需求是低层次的需求，而尊重需求和自我实现的需求则是高层次的需求。可以说低层次的学术研究往往是外在环境逼迫使然的结果，其随波逐流、急功近利也就在所难免了；但是，高层次的学术研究应该是人生价值自我实现的一种方式，是一种信仰，绝不可以苟且敷衍。很多学者都有这样一个转型的过程，转型之后需要对我们的学术旨趣进行重新规划。以我看来，学者的高低之分不在于出了多少科研成果，而在于是否能从低层次研究转型到高层次研究上来。理解了"学术是一种信仰"，我们将不会在乎一时的得失成败和是非功过，我们只在乎自己的学术研究是否有利于国家民族的发展，是否能在学术史上占有一席之位。

出站报告能顺利完成，离不开很多人的支持和帮助，借本书出版之际对这些帮助过我的人表达最真挚的谢意。致谢不是一种程式，更不是一种应付，致谢是发自内心的感恩，是一种真情的流露。我需要感谢的人太多，有一串写不完的长长的名单。

最应该感谢的是两位导师，李宇明教授和苏金智教授，我非常幸运，能同时得到两位名师的指导，正是因为他们的栽培指导，我才能顺利完成博士后出站报告，实现学术上的飞跃。同时还要感谢的是两位师母，白丰兰女士和韩荔华女士，正是因为她们的关心帮助，我的博士后生活才更加丰富多彩。

对李宇明师的仰慕起始于二十多年前，还在华中师范大学读博士时就被李老师的才学和人格魅力所震撼，能够获得李老师的亲自指导一直是我多年来的一个梦想。李老师在学界的地位自然是有目共睹，可圈可点之处甚多，作为学生，我感触最深的可以概括成五个方面：第一，强烈的家国情怀。老师一直践行一个基本理念，做学问不仅仅要考虑学术本身的问题，还要关注国家和社会需要，关注天下苍生、黎民百姓，要把学问做在祖国大地上，李老师喜欢引用北宋诗人张载的诗："为天地立心，为生民立命，为往圣继绝学，为万世开太平。"正是体现了这一思想。老师引导的"语言生活派"也正是这一理念的践行。第二，深厚的专业功底。老师做语法起家，师出名门，师从著名语言学家邢福义先生，专业功底深厚，成果卓著，早在30多岁时就已经在语法学界享有盛誉。第三，广阔的学术视野。老师学术视野开阔，语言学的诸多领域都非常熟悉，经济学、心理学、教育学、社会学、文学、计算机科学等诸多学科也多有涉猎。恰是因为具有广阔的学术视野，所以老师一直能够引领中国语言学的潮流，先做语法本体研究，后开创中国儿童语言研究的先河，再后建立语言生活派，然后又建立中国语言规划学。第四，强大的人格魅力。和老师相处，时时处处都能感受到其才学、睿智、豁达，很容易被其高尚的人格魅力所征服，老师对社会、人生、学术往往都有其独到的见解，每次听老师的讲座都有醍醐灌顶的感觉。第五，精致的学生培养。几十年来，老师在学生培养上可谓呕心沥血而又独具匠心，因此培养的学生佼佼者甚众，真可谓桃李满天下，很多学生都已经成为各自领域的领军人才。

师母白丰兰女士是一位容颜温婉、善良慈祥、坚强乐观、可亲可敬的长者，她犹如慈母一样关心我们学业的进展、生活的忧乐。李老师和白老师其实是在一起培养学生，只是分工不同，李老师管学术，白老师管生活，李老师是司令，白老师是政委。由于李老师事务繁忙，我们很多不好打扰李老师的事情都是白老师帮我们解决。正是因为有白老师从中调度，所以李门弟子才更加融洽和谐，像一家人一样生活、学习。

对苏金智师的熟识相对要晚一点儿。第一次听苏老师的报告是在2011年渤海大学的第六届全国社会语言学会议上，在那次会上听了苏老师的报告《文化和谐论与国家语言发展战略》，深受启发，意想不到的是时隔一年之后就有幸成为苏老师的门生，得到了苏老师的悉心指导。苏老师的为人为学特征我概括成四个方面：第一，治学严谨。苏老师也是名家之后，著名社会语言学家陈原先生的关门弟子，专业功底深厚，治学态度严谨，作为社会语言学界的领军人物之一，具有比较好的学术声誉，尤其在语言调查和赵元任研究方面颇获赞誉。第二，眼光敏锐。苏老师广读文献，尤其外文资料甚熟，具有敏锐的学术眼光，其提出的语言和谐论与语言腐败都是有超强现实价值的理论问题，走在了学界的前沿。第三，待人谦和。苏老师谦谦君子，淡泊名利，与人为善，是一位可亲可敬的长者。第四，传道认真。苏老师无论是上课还是指导学生都非常严肃认真，一丝不苟，没有半点含糊之处，是一位兢兢业业的传道授业解惑者。

师母韩荔华女士是一位开朗活泼、风趣幽默、亲和力强的女性学人。韩老师学术成果也非常丰富，主攻修辞学，尤其在汉语国际教育领域更是多获赞誉，而学生们更喜欢的是韩老师的那份笑对人生的豪情和豁达的生活态度，她总能营造出一种轻松和谐的氛围，所以每次师门的相聚都充满着欢笑和快乐。

博士后两年期间，得到了教育部语言文字应用研究所和北京语言大学诸多领导和老师的关心和帮助，尤其是语用所人事处的刘子琦师妹和北语人事处的田琳老师，为我办理各种繁杂的手续，深表感谢。

在出站报告写作过程中先后两次采访过教育部语用所的陈章太老先生，陈老给我提出了非常有价值的指导意见，对此深表感谢！北京语言大学张旺熹教授也提出了宝贵的写作建议，深表感谢！我的博士生指导老师汪国胜先生以及邢福义先生也一直关注着我的学业，帮助我的成长，这是我永远需要感恩的。

北京多个科研院所的专家学者给了我极大的帮助，教育部语言文字应用研究所的魏辉副所长、郭龙生研究员、谢俊英研究员、肖航博士，北京语言大学的张维佳教授、王建勤教授、施春宏教授、江新教授、聂丹教授、陈双新兄长、黄理兵学兄，中国人民大学的陈前瑞师兄，中国政法大学的邹玉华师姐，北京师范大学的许小颖博士，他们都给我提供了有价值的帮助和指导。

博士后答辩委员会成员袁毓林教授、石锋教授、张博教授、靳光瑾教授、张维佳教授、崔健教授为出站报告的完善、提升提出了很多宝贵的意见。

还应该感谢诸多一起求学的兄弟姐妹们，姚敏、董川、欣路、高琦、雪钰、玲玲、何瑞、佳荷、清静、倪佩、世玉、丽红、美玉、于琴、张燕、邵杨、张荻……还包括咸宁学院的尤翠云老师，我们一起办沙龙，一起做调研，一起听讲座，一起吃喝玩乐，一起收获，一起成长，也一起快乐。

还要感谢江西师范大学文学院的领导以及汉语教研室的同仁们的大力支持，恰是他们的支持我才得以能全身心地投入到博士后课题研究中去。感谢江西师范大学离退休工作处的郝梦兰老师，感谢她为我提供退休教师的名单并积极做好协调工作。感谢各位访谈的对象，感谢他们善意的接受并很好地配合我们的访谈。也要感谢我的多位研究生，邱莹、胡婷、戴剑云、林奇香、袁慧、严淑英、熊媛、黄玲玲、万淑云，他们协助我进行调查访谈和录音转写，付出了辛勤的劳动。最后，特别要感谢我的家人，他们的支持是我永远的精神动力和坚强后盾。

在学术之路上艰难跋涉已二十余年，终因资质愚钝而未有大成，但总还在不断地努力，也自得其乐。顺借导师李宇明先生《为学》诗收尾，聊表心志。

　　"为学就是治粱粟，精作还须观天图。耕种未必有收获，总揣希望在田头。"

刘楚群

2014 年冬记于北京

2020 年春改于南昌